바인경영

대한민국 초일류 1

포도나무처럼 지속성장하는 회사의 비밀

다이애나 홍 지음

바인경영

Secrets of Vine's Management

일상이상

사람은 자신의 영역만큼 성장합니다

우리는 저마다 자신의 캐릭터가 있습니다. 하나의 회사도 고유의 캐릭터가 있습니다. 바인그룹의 캐릭터는 '사람의 성장', 그중에서도 내부 구성원들의 성장입니다. 구성원은 바인그룹 최고의 목적이자 비전입니다.

그래서 바인그룹의 이야기를 담은 이 책을 펴내는 데 구성원들이 함께 참여하길 원했고, 감사하게도 이 책의 저자인 다이애나 홍께서 일일이 많은 구성원과 직접 인터뷰를 해주셨으니, 다시 한 번 대단히 감사드립니다.

바인그룹은 자신의 영향력을 넓히고, 공동체를 생각하는 사람을 키워냅니다. 사람은 자신의 영역만큼 성장한다고 합니다. 나에 대한 믿음과 확신이 있으면 내 안에 있는 더 큰 가능성이 발휘됩니다.

바인그룹은 구성원들의 영역을 넓히기 위해, 쉬운 길과 어려운 길이 있으면 어려운 길을 선택하고, 익숙한 길과 새로운 길이 있으면 새로운 길을 선택하도록 했습니다. 짧게는 10년 길게는 25년 넘게 그런 저의 의지에 공감해 주고 오랫동안 함께해 준 구성원들이 실제 업무 현장에서 있었던 일들을 담아낸 이 책을 통해 실제로 눈으로는 보이지 않지만, 바인그룹을 지속성장하게 하는 그 무언가의 힘을 느끼길 바랍니다.

저는 항상 이야기하고 자랑합니다. 최고의 구성원들을 만났다고요. 유도선수 출신으로 경영자의 꿈을 키웠고, 지금의 바인그룹이 있기까지 많은 분이 도와주셨지만, 무엇보다 우리 구성원들이 없었다면 저도 바인그룹도 이 자리에 있지 못할 것 같습니다. 처음부터 지금 이 순간까지 그리고 앞으로도 그 고마움을 잊지 않을 겁니다.

독자 여러분, 세상은 지금도 변하고 있습니다. 익숙한 것만 계속하면 변하는 세상에서 위험해집니다. 기존의 틀, 상식, 관념, 방법 등은 새로운 관점으로 넘어서야 합니다. 여러분이 지금 경계의 영역에 서 있다면, 그 영역의 경계를 넘어보시길 바랍니다. 바인그룹도 계속해서 더 높은 목표와 비전을 향해 그 영역을 넓혀 갈 것입니다.

앞으로도 많은 응원과 관심 부탁드리고, 남은 올해도 여러분의 삶에 큰 전환점이 되고, 기적이 시작되는 해로 만들어 가시길 바랍니다.

감사합니다.

바인그룹 회장

김영철 드림

추천의 글

Vine Group is a partner of Brian Tracy International, a global leadership education organization. And the partnership is based on mutual trust for a long time.

바인그룹은 세계적 리더십 교육 기관인 브라이언 트레이시 인터내셔널 Brian Tracy International 사의 오랜 파트너입니다. 우리의 우정은 오랜 시간 동안 변치 않는 신뢰가 있었기에 가능하였습니다.

The management philosophy and belief in people's potential, which values talent training, have created the present Vine Group, and we hope that Vine Group will create a brighter future.

인재양성에 가치를 둔 경영철학과 사람의 잠재력에 대한 믿음은 현재의 바인그룹을 만들었으며, 이에 바인그룹이 더 밝은 미래를 만들어 갈 것을 기대합니다.

I hope this wonderful corporate culture of Vine Group will be known to many people in Korea.

바인그룹의 이러한 훌륭한 기업문화가 대한민국의 많은 사람들에게 알려지기를 희망합니다.

브라이언 트레이시 Brian Tracy

• 브라이언 트레이시 Brian Tracy 는 세계적인 동기부여, 자기계발 전문가로 전 세계 강연을 통해 500만 청중의 삶을 변화시켰고, 그의 1년 스케줄은 항상 강연과 워크숍 일정으로 가득 차 있다.

차례

제2장 초일류인재는 초일류교육으로 탄생한다

◆◆◆

사람을 키우는 회사,
바인그룹

　　　　　　　　　사업을 한다는 것은 결코 만만한 일이 아니다. 창업 5년 후 생존율은 절반도 채 안 되고, 생존했더라도 위기가 언제든 생기기 때문이다. 오늘날 코로나19와 러시아-우크라이나 전쟁과 금융시장불안 등으로 세계경제는 혼란과 격변의 시대에 있다. 이럴 때일수록 한계를 뛰어넘는 '초일류'로부터 그 대안을 찾아야 한다.

　바인그룹은 e상상코칭 등으로 유명한 교육기업을 모태로 성장한 초일류기업이다. 1995년 아주 작은 사무실에서 에듀코 법인 교육회사를 창립하며 교육 사업을 시작했는데 2017년 포도나무처럼 알찬 열매를 맺는 '바인그룹'으로 눈부시게 성장했다. 2022년에 창립 27년을 맞이한 바인그룹은 '청소년의 건강한 성장을 돕는다'는 신념으로 100년 기업을 향해 나아가고 있다. 바인그룹은 어떻게 척박한 환경에서도 알찬 열매를 맺는 포도나무처럼 성장할 수 있었을까?

1995년 아주 작은 사무실에서 시작한 바인그룹은 현재 서울 동대문구 신설동에 지하 2층, 지상 17층 규모의 사옥을 보유하고, 5,000여 명의 구성원이 서로 응원하며 공부하고 있다. '구성원의 성장이 고객의 성장'으로 이어진다는 신념이 있었기에 교육 분야의 초일류기업으로 성장했다. 월 회원수는 3만 명이며, 누적회원수는 100만 명이 되었다. 바인그룹은 창립 이래 27년 동안 멈추지 않는 성장을 이어가 불가능할 것만 같던 목표를 현실로 만들어나가고 있다.

이 눈부신 지속성장은 미래가 불확실한 상황에서 실패의 위험에 맞설 때만 가능할 수 있다. 위험이 없다면 무언가를 이루었다는 자부심도 있을 수 없다. 따라서 위험에 맞서서 도전하지 않으면 성취도 없고 성장도 없다. 어떤 실패도 헛된 것은 없고, 실패는 도전의 마중물이며, 성공을 위한 질 좋은 자양분이다. 동화세상에듀코가 낡고 빗물이 새는 작은 사무실에서 바인그룹으로 발전할 수 있는 유일한 이유는 '성공자는 남다르다'는 도전정신으로 위험에 맞서서 도전하고 있기 때문이다.

1995년 유아놀이교육 사업을 시작하면서 성장의 씨앗을 뿌린 동화세상에듀코는 1999년 파워잉글리시 교재를 출간하고, 2003년 ieduco.com현 e상상코칭의 전신을 설립하며 대한민국 초일류 교육 기업이 되었다. 교육 사업 외에도 2006년 고려진생을 출범하며 건강 사업에도 진출했으며, 2017년 외식사업부와 2018년 임대자산관리사업부 등을 출범했다. 일본에서 호텔사업도 진행 중이며, 2020년 플랫폼서비스 사업 더세이브로 디지털 경영관리 서비스 분야에도 진출했다.

포도송이처럼 알찬 열매를 주렁주렁 맺는 바인그룹은 2022년 창립 27년을 맞았는데, 거친 바다가 유능한 뱃사공을 만들 듯이, 척박한 환경이었기에 절박함이 거름이 되고 비료가 되어 알찬 열매를 맺는 포도나무 같은 기업이 되었다.

그렇다면 바인그룹은 어떻게 지속성장했을까? 창업 당시에는 작은 사무실에서 사업을 시작했지만 포부는 남달랐다. 지금은 비록 작지만 날마다 성장하는 회사로 만들겠다는 포부가 있었다.

바인그룹에는 '성장하는 회사는 사람을 키운다'라는 확고한 철학이 있었다. '사람을 성장시켜야 기업을 성장시킨다'는 확고한 믿음이 있었다. 구성원들의 꿈이 자라고 성장하면 기업의 꿈도 자라고 성장한다는 것이 바인그룹의 핵심철학이다.

실제로 바인그룹의 교육문화는 남다르다. 세계에서 찾아보기 힘들만큼 구성원들의 교육에 아낌없이 투자하고 있다. 삼성그룹 이상으로 구성원들의 교육에 열정을 쏟고 있다. 바인아카데미 교육을 통해 이 사회에 선한 영향력을 끼칠 진정한 리더를 육성하고 있다. 바인아카데미는 100년 기업을 향한 인재를 육성하고, 1천 명의 사내외 강사 및 3만 명의 선한 리더를 양성하고 있다. 나아가 성인교육시장에 진출할 인재를 양성하기 위해 교육재단 비전협력사 및 타 기업체 교육지원사업 확대라이선스교육 MOU를 통한 비지니스 모델을 확대해 가고 있다.

그들은 함께 공부하고 책을 통해 소통하면서 미래 먹거리를 모색하기 위해 협력하고 공감하며 서로 응원한다. '내가 일하는 곳이 내 꿈이 이루어지는 곳'이 되는 것이다. 세월이 아무리 흘러도 변하지 않는 것이 인간의 욕망이다. 그 욕망을 발현시키는 시대와 사람을 읽어내는 혜안을 기른다면, 기업은 지속성장할 수 있다. 무서우리만큼 세상은 급변하지만 시간이 흘러도 변하지 않는 인간의 가치를 찾아내는 것은 중요하다. 그 가치를 찾아내기 위해 질문하는 힘과 정의하는 힘을 기르기 위해 바인그룹 사람들은 함께 공부한다. 바인그룹 구성원들은 함께 소통하고 공유하며 서로 응원하고 사회에 선한 영향력을 끼치는 사회공헌에도 소홀함이 없다. 이는 오랜 습관으로 바인그룹의 기업문화로 잘 정착되었다.

공부하는 사람들은 벽을 만들지 않는 소통력, 마음의 문을 활짝

여는 공감력, 현상을 꿰뚫어보는 통찰력, 미래를 꿰뚫어보는 예지력이 남다르다. 그런 까닭에 자신이 하는 일에 대한 탁월성이 뛰어나며, 이 탁월성은 짧은 기간에 이루어질 수 없으며 오래 축적된 자신의 습관으로부터 나온다. 이 습관은 바인그룹의 사람을 키우는 기업문화에 잘 정착되어 있다.

사업하는 많은 이들이 100년 경영은커녕 10년 경영도 염두에 두지 않는 경우가 많다. 최근에는 코로나19로 폐업하는 사례가 더 늘었는데, "버티는 것도 어렵다!"고 하소연하는 이들이 많다. 그런데 바인그룹은 '100년 달력에 100년 성장을 새기는 기업'이다.

해마다 회사가 추구하는 목표를 100년 달력에 새기고 있는데, 바인그룹의 모든 구성원은 이 목표를 공유하며 그것을 이루기 위해 각자 제 역할을 다한다. 바인그룹의 10여 개 계열사는 교육·호텔·플랫폼서비스·자산운용·무역·외식 등 분야가 서로 다르지만 하나의 뿌리에서 성장해 나가는 포도나무처럼 모든 구성원이 하나의 목표를 공유하며 알찬 열매를 맺으며 지속성장하고 있다.

또 바인그룹의 모기업은 사람을 성장시키는 교육 기업 동화세상에듀코이기에 사람을 무엇보다 아낀다. 바인그룹에서 구성원 개개인은 포도나무의 열매들이다. 바인그룹은 '구성원의 성장이 고객 성장으로 이어진다'는 경영철학을 바탕으로 인재양성을 위해 많은 교육비를 투자하고 있다. 인간의 잠재력과 가능성은 얼마든지 교육과 지속적인 학습으로 발현할 수 있음을 확신하기에, 구성원들의 자기성장에 아낌없이 투자하고 있다. 회사가 구성원을 성장시키고, 성장한 구성원들이 회사를 키우는 선순환 시스템을 만들었다.

인간은 누구나 행복을 추구한다. 그 행복은 사랑으로부터 오고, 이 사랑은 성장의 기쁨이 있을 때 오래간다. 성장이 멈춘 사랑이 쉽게 무너지듯, 성장이 멈춘 기업은 모래 위에 집을 짓는 것과 같다. 바인그룹은 성장하는 기업으로 뿌리내리기 위해, 첫째도 둘째도 셋째도 구성원들의 성장을 핵심가치로 두었다.

이처럼 사람을 아끼는 만큼 지역사회의 소외된 이웃들을 위해 사회공헌활동에도 힘쓰고 있다. 바인그룹은 '2021년 대한민국 CSR·ESG 경영대상' 시상식에서 CSR사회적책임 부문 사회적책임 경영대상을 수상했다.

바인그룹은 전 사업부가 부서별 상황에 맞추어 재택근무와 유연근무를 시행하고 있다. 이는 개인의 삶을 존중하고 워라밸을 추구하는 기업문화가 있기에 가능하다. 또 글로벌 경제 환경에 맞춰 디지털트렌스포메이션 교육과 교육 플랫폼 서비스, AI코칭 등 4차 산업혁명 시대에 맞는 다양한 교육과 서비스를 선보이며 미래를 준비하고 있다. 그리고 청소년들의 몸과 마음의 건강한 성장을 위해 위캔두 프로그램을 무료 진행하고 있으며, 교육정보지 코칭맘을 발행해 자녀의 성장을 돕는 학부모들에게 정보를 함께 나눈다. 심리학과 뇌과학에 기반을 두고 개발한 청소년 인성코칭 '마음키움' 프로그램도 런칭하였다.

바인그룹은 여러 계열사를 포도송이처럼 주렁주렁 보유한 그룹으로 눈부시게 성장했지만 안주하지 않기 위해 노력한다. 포도나무는 매년 가지 위 마디마다 새순이 생긴다. 새순이 돋아나고 다음해에 새 가지가 자라나 알찬 열매를 맺는다. 이때 농부들은 새순에 난 열매들이 더 잘 자라도록 이듬해 봄에 묵은 가지를 쳐낸다. 묵은 가지를 쳐내지 않으면 새순에서 과실이 탐스럽게 자라지 않기 때문이다. 바인그룹은 해마다 건강한 새순을 늘려가고 있는데, 100개의 사내벤처를 만들기 위해 '100프로젝트'를 하고 있다. 또 100년 달력에 100년 목표를 새긴다.

지속성장하는 기업은 구성원들의 성장이 멈추지 않는다. 구성원들의 성장이 기업 성장으로 이어져 마침내 알찬 열매를 맺는다. 꿈을 이룬 사람보다 이룰 수 있는 꿈을 키워가는 사람이 행복하다. 사람을 키우는 회사 바인그룹은 5년 후, 10년 후 대한민국을 넘어 세계무대에서 초일류기업으로 성장할 것임을 확신한다.

동화같이 아름다운 바인그룹은 신뢰성, 진정성, 탁월성, 효율성, 자율성이란 다섯 개의 마법의 '성'으로 초생산성을 키우며 초일류기업으로 나아가고 있다. 바인그룹의 성장과정을 공부하면서 느낀 것을 한 줄로 표현하자면 바로 '사람을 키우는 회사'다.

지은이 다이애나 홍

제 1 장

초일류로 가는
바인경영

01

포도나무처럼
지속성장하는 바인그룹

        몇 년 전부터 필자는 국내외 초일류기업을 연구하고 있는데, '지속성장'이 필수조건임을 깨닫게 되었다. 성장이 멈춘 기업은 혈액순환이 멈춘 몸과 같다. 기업의 성장이 멈추었다면 생명이 위험하다는 신호를 보내는 것이다. 그렇다면 지속성장하려면 무엇을 어떻게 해야 할까?

  e상상코칭 등으로 유명한 바인그룹은 교육기업을 모태로 성장한 그룹이다. 그런데 바인그룹을 연구하고 구성원들을 만나보니 '사람을 키우는 회사'라는 것을 알 수 있었다. 구성원의 성장을 가장 중요하게 여기고, 인재양성에 투자하는 회사는 지속성장할 수밖에 없다.

사람이 답이다

사람을 키우는 회사가 지속성장하고 초일류기업이 될 수 있다. 마쓰시타 고노스케는 마쓰시타 전기산업의 창업자로 일본에서 '경영의 신'으로 존경받는 인물이다. 그는 "마쓰시타 전기산업은 무엇을 만드는 회사입니까?"라는 질문에 "우리 회사는 사람을 키우는 회사입니다"라고 답할 정도로 인재양성을 우선시한다.

우리나라를 대표하는 글로벌기업 삼성전자도 인재양성을 통해 초일류기업으로 성장했다. 삼성의 창업가인 이병철 회장은 인재양성을 무엇보다 중요하게 여겼다. 그는 평소에 "일년지계—年之計는 곡식을 심는 일이요, 십년지계+年之計는 나무를 심는 일이며, 백년지계百年之計는 사람을 기르는 일"이라는 격언을 자주 인용했다.

이병철 회장의 이러한 기업가정신은 이건희 회장의 인재경영으로 이어졌다. 1995년 이 회장은 "학력과 성별, 직종에 따른 불합리한 인사차별을 하지 말라"는 열린 인사를 지시했고, 삼성은 이를 받아들여 '공채 학력제한 폐지'를 선언했다. 삼성은 이때부터 연공서열식 인사기조가 아닌 능력급제를 전격 시행했다.

필자는 지난 15년간 현대와 포스코 등 여러 기업에서 임직원을 대상으로 강의해 왔는데, 15년 전에 처음으로 강의한 회사가 바로 삼성이었다. 삼성과 필자를 이어준 인연의 끈은 '미친 독서'였다. 당시 삼성에서는 '미친 사람'을 찾고 있었다. 그때 필자는 화려한 스펙도 없었고 심지어 지방대학을 나왔다. 하지만 책에 미쳐 있던 사람이었다.

어느 날 필자는 책에 미친 사람으로 삼성에 불려갔다. 화려한 스펙도 없었지만 독서에 미쳐 있어서 나도 모르게 열정을 발휘할 수 있었다. 그 첫 강의를 시작으로 15년째 삼성에서 강의를 하고 있다. 필자는 많은 기업에서 강의하고 있지만 삼성에서 강의할 때가 가장 신난다. 삼성 사람들은 강의를 듣는 태도가 정말 남다르다. 그들은 강의시간에 한눈을 팔지 않고 강의 내용을 자기 것으로 흡수하는 능력이 뛰어나다. 강의에 집중하는 만큼 강사와 공감하는 능력 또한 뛰어나다. 이런 특성은 초일류기업에서 두드러지게 나타나는데, 회사에서 실시하는 강의라고 해서 형식적으로 강의에 참여하지 않고 하나라도 더 자기 것으로 만들기 위해 강의에 참여한다. 이렇게 열정을 불태우니 초일류인재가 될 수밖에.

운 좋게 필자는 삼성에서 15년간 독서에 관한 강의를 하게 되었고, 현재도 진행 중이다. 삼성의 인재들은 강의에 참여하는 것 하나만 보더라도 무언가에 미치도록 몰입한다. 그들을 보면서 삼성이 왜 초일류기업이 되었는지를 깨닫게 되었다. 그렇다. 초일류인재가 초일류기업을 만드는 것이다.

27년 전 작은 사무실에서 시작한 바인그룹은 오늘날 여러 계열사를 보유한 기업으로 성장했다. 현재 바인그룹은 코칭교육기업 동화세상에듀코를 중심으로, 플랫폼서비스 '더세이브', 무역 및 유통 'DAV International', 자산운용, 호텔, 외식, 한·중·일 해외법인 등 여러 계열사를 보유한 글로벌기업이다. 이처럼 중견기업으로 성장할 수 있었던 데는 '인재양성'이 있었다.

세계에서 가장 영향력 있는 경영학자 25인으로 평가받는 대니얼 M. 케이블은 『그 회사는 직원을 설레게 한다』에서 "직원은 자신을 섬기는 리더에게 최고의 성과를 보여준다"고 말한다. 섬기는 리더는 직원들이 새로운 아이디어를 실험하고 최대의 잠재력을 발현하도록 돕는다. 학습과 실험의 중요성을 그저 말로만 떠드는 대신 몸으로 보여준다. 자신의 실수와 한계를 인정하고, 듣고 관찰하며 학습하는 모습을 온몸으로 실천한다.

바인그룹 최고 리더는 "한평생 끊임없이 자신을 수양하여 자신을 누리며 남들에게 유익함을 주는 삶을 살아가겠다"는 사명을 갖고 있다. '자신'에 대한 섬김과 '타인'에 대한 섬김, 즉 자신을 성장시켜 다른 이들에게 유익함을 주는 삶, 구성원을 섬기는 삶을 실천한다.

바인그룹을 방문해 본 사람이면 섬김의 기업문화가 잘 정착되어 있다는 것을 알 수 있다. 필자는 지난 15년 동안 강의와 인터뷰로

서울 용두동 바인르미에르 오피스텔(왼쪽). 일본 바인르미에르(오른쪽). 바인그룹은 2017년 서울 용두동 바인르미에르 오피스텔 완공을 시작으로 국내외에서 본격적인 임대자산관리 사업을 진행하고 있다.

바인그룹을 방문할 기회가 많았다. 회사 앞에 도착하면 주차안내부터 친절하게 해주고, 1층 현관에 크게 걸린 방문환영문구가 먼저 반긴다. 강의나 인터뷰에 불편함이 없도록 따뜻하게 배려해 주고, 귀가 시에는 어느새 선물까지 챙겨주는 인정이 넘치는 회사다.

매년 새해가 되면 바인그룹 출정식이 본사 대강당에서 진행된다. 2022년 바인그룹 출정식은 각 계열사 및 현장 부서의 신년 계획과 목표 발표로 시작되어, 해외법인의 특별 신년 영상 메시지 등으로 이어졌고, 2022년의 포부를 밝혔다.

2022년 바인그룹 슬로건은 'Miracle Beginning, 기적의 시작' 이다. '나의 잠재력을 발견하고 발휘하여 작은 기적들이 모여 큰 기 적을 이루고, 함께했을 때 더 큰 기적이 일어난다'는 것이다.

> "2022년도 기적으로 갑니다. 이번 한 해만 기적이 아닌 지금 부터 내 남은 여생이, 바인그룹이, 쭉 기적으로 갑니다. 20여 개의 계열사와, 100프로젝트와, 더 넘어 백년그룹까지. 개인의 기적이, 팀의 기적이, 바인그룹의 기적이 이루어지는 2022년은 내 삶의 터닝포인트가 되고 퀀텀 점프가 되는 기억에 남는 해가 될 것입니다."
> ―2022 CEO 신년사 중에서

검은 호랑이 해2022년의 기세를 받아 바인그룹 구성원들은 호랑 이의 묵직한 발걸음처럼 '기적의 시작'을 만들어내며, 더 크게 도약 하겠다는 의지를 한마음으로 밝혔다.

지난 27년간 바인그룹은 IMF 외환위기와 글로벌 금융위기, 코로 나19를 무릅쓰고 지속성장해 왔다. 이처럼 지속성장할 수 있었던 것은 구성원 모두가 '나의 성장이 우리의 성장'이라고 생각하는 성 장 DNA가 존재했기 때문이다.

바인그룹의
포도나무 이야기

바인그룹 CI

열매
개인 성장과 조직
성장의 열매

뿌리
좋은 양분으로 글로벌
그룹의 근간이 되는
뿌리

바인그룹의 '바인 vine'은 단순한 포도나무가 아니라 열매를 맺기 위한 근간이 되는 '포도나무'를 의미하며, 인간의 역사에 신뢰와 성장을 주는 바인그룹의 철학과 가치를 담고 있다. 포도나무 바인 는 척박한 땅에서도 성장한다. 바인그룹 구성원 개개인과 조직은 포도송이처럼 열매를 맺어 세상에 선한 영향력을 미치고 있다.

바인그룹의 CI는 대인, 조직, 사회에 선한 영향력을 미치는 올바른 개인의 성장을 상징하며, 글로벌기업의 경쟁력 있는 계열사를 상징하는 포도열매를 모티브로 개발되어, 바인그룹만의 로고와 포도나무를 상징하는 심볼 마크의 조합으로 만들어졌다.

바인그룹의 CI는 인간의 역사에 신뢰를 주는 포도나무처럼 건강한 그룹문화를 통해 건강한 신뢰를 주는 100년 기업으로 발전하겠다는 뜻을 품고 있다.

02

◆◆◆

인간의 능력은
무한하다

유도가 전부였던 청년,
사업으로 비상하다

　　　　　　　　　강원도 양구에서 태어난 시골청
년 김영철에게 유도는 인생의 전부였다. 유도 국가대표가 되고 체육
선생님이 되는 것이 인생의 목표였다. 목표를 향해 불타는 집념으
로 피땀을 흘리며 훈련했다. 하지만 국가대표의 꿈은 쉽게 이루어
지지 않았다. 무릎 연골이 파열되는 사고가 났던 것이다. 선수 생활
을 접어야 할 정도로 치명상을 입고 절망의 끝에 선 청년은 가슴이
찢어지는 슬픈 현실을 눈물로 쓸어내렸다. 꿈을 잃은 청년은 밤마
다 눈물을 흘리느라 퉁퉁 부은 얼굴을 부모님께 보이지 않으려고

Vine Story

어느 나무이야기

온갖 척박한 환경에서 성장하는 나무입니다.
자연적인 상태로 있을 때는 아름답거나 멋있지 않습니다.
하지만 노력을 들이면 아름답고 멋있어지는 나무입니다.

가장 멀리 가지를 뻗고
그 가지는 서로 강하고 단단히 엉켜져 있고
가장 많은 열매를 맺는 나무.

인류와 가장 오랫동안 함께해온
또 다른 나무의 이야기가 시작됩니다.

나의 이야기가 바인의 미래입니다.

바인 스토리

아침이면 산으로 갔다.

산에 앉아서도 눈물을 흘리던 그는 주저앉고 싶지 않았다. 일단은 서울로 가서 취직해 새로운 분야에 다시 도전하려 했다. 유도복을 둘러메고 양구에서 서울행 버스에 올라탔다. 첫 직장인 국민서관에서 "영업을 잘하면 돈을 벌 수 있다"는 말을 듣고 오직 돈을 벌어야겠다는 일념으로 영업 사원으로 첫 직장생활을 시작했다. 그러고는 최고가 되어 정상에 서겠다는 마음으로 휴일도 없이 일에

바인그룹 본사에 마련된 바인그룹 역사관

매진했다.

부서장의 자리에 올라 탁월한 리더십을 발휘해 10여 년간 정상을 지켰고, 전무후무한 실적을 이루었다. 주로 판매한 상품이 백과사전과 동화책이었는데, 동화책을 판매하면서 동화책 속 아름다운 세상에 빠져들었다. 훗날 구성원 모두가 아름다운 동화 속 세상의 주인공이 되는 회사를 꿈꾸며, 에디코 현재 동화세상에듀코 를 창업하게 되었다.

사업을 하려면 영업만 잘해서는 한계가 있다. 사업 운영에 필요한 지식과 기술을 습득해야 한다고 느껴서 여러 가지를 공부하기 시작했다. 다양한 교육기관을 찾아다니며 교육을 받으면서 사람은 누구나 학습과 코칭에 의해 발전할 수 있다는 것을 깨달았다. 이러한 경험과 학습을 바탕으로 회사 구성원들의 가능성을 믿고, 그것을 발휘하게 하는 것을 기업의 최우선적인 목표로 삼았다. 구성원들의 무한한 성장을 위해 다양한 교육을 도입하였고, 이를 통해 구성원들의 성장을 우선시하려 했다.

지금의 바인그룹의 '바인'은 '포도나무'라는 뜻하며, 포도나무의 뿌리는 사람의 보이지 않는 무한한 가능성을 의미하고, 포도열매는 다양하고 풍성한 성과를 의미한다. 회사와 구성원들이 포도나무와 같은 무한한 가능성을 발휘하여 다양한 분야에 풍성한 열매를 맺기를 바라는 마음에서 포도나무는 바인그룹의 상징이 되었다.

바인그룹의 미션은 '대한민국 청소년들의 학습역량뿐만 아니라 인성을 갖춘 건강한 성장을 돕는 것'이다. 이를 위해 바인그룹만의 인성 상품들을 개발하여 코칭하고 있으며, 이러한 교육을 받은 청소년들이 이 사회에 빛과 소금 같은 귀한 인재로 성장하기를 바라고 있다. 비록 작은 몸짓이지만 이러한 사명을 갖고 이 사회와 함께 고민하는 바인그룹으로 오래도록 남고 싶다.

사람은 공부하는 만큼 성장한다

좋은 기업이란 어떤 기업일까?

바로 지속성장하는 기업이다. 그렇다면 기업은 무엇으로 성장해야 할까? 기업의 주체는 사람, 기술, 자본인데, 그중 가장 중요한 것이 사람이다. 기업의 지속성장은 사람으로부터 비롯되기 때문이다. 사람이 기술을 만들고, 기술이 매출로 연결되어 자본을 만든다.

리더는 조직을 성공으로 이끌기를 원하고, 구성원들과 함께 그 목표를 향해 나아갈 수 있기를 바란다. 그렇다면 구성원들과 함께 목표를 이루기 위해서는 어떻게 해야 할까?

좋은 성과를 내는 기업과 구성원들이 일하기 좋은 조직을 만들기 위해서는 무엇이 필요할까? 바인그룹은 단연 공부하는 것이라고 말한다. 리더와 구성원 모두가 자기충전을 일순위로 해야 하고, 자기충전은 공부를 통해 해야 한다. 억지로 하는 공부가 아니라 스스로 하는 공부가 진짜 공부인데, 바인그룹 구성원들은 자기 자신을 성장시키기 위해 스스로 공부한다.

레이 달리오는 『원칙』에서 "'의미 있는 일'이란 사람들이 신이 나서 열정을 쏟는 것이고, '의미 있는 관계'란 진심으로 서로를 챙기고 아끼는 관계를 뜻한다. 서로를 챙길수록 끈끈해졌고, 그로 인해 더 좋은 성과를 냈으며, 공유할 보상도 커졌다. 이 선순환 구조가 '자기강화Self-Reinforcing'의 결과를 낳았다"고 말했다.

바인그룹의 구성원들은 열정을 쏟으며 일하고, 진심으로 서로를 아끼고 있는데, 그렇게 된 데에는 교육의 힘이 컸다. 배우고, 베풀

2017년 브라이언 트레이시 명사초청강연

고, 사랑하고, 꿈을 이루며, 세상의 빛이 되는 명품인재를 양성하는 것이 바인그룹의 교육 목표다. 바인그룹은 영업이익의 상당부분을 인재양성에 투자하고 있다. 구성원 모두가 일주일에 1~2회씩 다양한 사내외 강의를 들을 수 있다. '성공하는 사람들의 7가지 습관', '피닉스리더십', '코칭', '마케팅', 'CS교육', '디지털트렌스포메이션' 등 일반인들이 접하기 어려운 고급강의도 사내에서 수강할 수 있다.

1인당 한 과정에 100만 원이 넘는 교육 비용이 들지만 바인그룹은 이 비용을 아끼지 않는다. 좋은 교육 프로그램을 발견하면 외국도 마다하지 않고 달려간다. 좋은 강의라고 판단되면 라이선스 계약을 맺어 구성원에게 기회를 제공한다.

돈은 나중에 벌 수도 있지만 교육은 때가 있는 법이다. 구성원 모두에게 창조적 영감을 불어넣기 위해 매월 명사 초청강연도 빼놓지 않고 있다. 매달 좋은 책을 선정해 읽고 토론을 즐기기도 한다. 뭐든지 때가 있듯이 교육에도 때가 있다. 독서도 젊은 날에 해야 많은 책을 읽을 수 있다. 나이 들어 노안이 오면 독서하는 데 어려움이 많다.

우리는 흔히 회사를 '직원들에게 일을 시키고 월급 주는 곳'이라고 생각한다. 하지만 좋은 회사는 사람을 키우는 회사다. 좋은 회사가 되기 위해서는 인재양성부터 해야 할 것이다. 인재양성이 좋은 기업을 만들고, 사회 전반에 아름답고 선한 가치를 전파하는 선순환을 이룰 수도 있다.

청소년을 건강하게 성장시키는 회사가 되고 싶다

피터 드러커는 이렇게 말했다.

"경영은 일을 올바르게 하는 것이고, 리더십은 올바른 일을 하는 것이다."

바인그룹은 대한민국 청소년들의 건강한 성장을 돕기 위해 청소년 자기성장 사회공헌 프로그램인 위캔두 과정을 초등학생부터 고등학생까지를 대상으로 운영하고 있다. 이 프로그램은 매월 각 지역의 환경과 요청사항 등에 따라 맞춤형태로 진행되고 있다. 위캔두 프로그램은 참여하는 모든 학생들이 스스로 목표와 시간관리에 대해 발표하고 작성하며, 한 명 한 명에 대한 잠재력을 이끌어내기 위한 교육 프로그램이다.

강의를 이끌어가는 기간 동안 강사와 멘토의 역할이 크다. 멘토는 학생들과 같은 조원이 되어 교육에 참여하고, 조원들이 강의 내용을 이해하고 호응하며 교육과정에 융합될 수 있도록 그림자처럼 조력자의 역할을 한다.

위캔두는 '나'에 대해 생각하며, 자존감을 높이는 시간 위주로 프로그램을 구성했다. 이 프로그램은 '나만의 콘셉트 만들기'와 '내 손 안의 보물찾기'로 이루어졌다. '나만의 콘셉트 만들기'는 '내가 중요하게 생각하는 것', '내가 매일 하는 것', '내가 되고 싶은 나의 미래' 등을 통해 '나'에 대해 알아보고, 진정한 나를 찾고 멋진 나의 미래를 스스로 가꿀 수 있도록 코칭한다. '내 손 안의 보물찾기'는 뇌 과학적 관점으로 생활 속에서 감사를 찾고, 감사의 효과 등을 알아보고, 감사편지쓰기 등 다양한 감사활동을 진행한다. 감사하는 순간 행복해지고, 감사는 기적을 만든다.

바인그룹의 위캔두는 대한민국 청소년들의 자기성장과 리더십을 지원하는 사회공헌 프로그램이다. 이 프로그램은 강사비, 참가비, 교재비 등 기타 관련비용을 바인그룹이 무상지원하므로, 학생들은

바인그룹의 위캔두는 대한민국 청소년들의 자기성장과 리더십을 지원하는 사회공헌 프로그램이다.

프로그램에 무료로 참여한다. 또한 위캔두 과정을 수료한 '위캔두 프렌즈'들에게는 추후 진행되는 홈커밍데이, 명사초청특강의 기회도 제공한다.

위캔두 프로그램은 온라인과 오프라인으로 진행되며, 학교나 기관 등을 위해 찾아가는 위캔두 과정도 운영하고 있다. 2017년 3월부터 현재까지 위캔두를 수료한 학생들은 2,100명을 넘어서고 있다. 코로나로 인해 제약이 따랐던 대면활동이 조금씩 개선되면서, 다양한 활동을 함께하는 오프라인 과정도 다시 시작할 예정이다.

2022년 바인그룹은 강원대학교 개교 75주년을 맞아, 발전기금으로 2억 원을 기부했다. 바인그룹은 "개교 75주년을 축하한다"면

바인그룹은 2022년 '사회공헌기업대상' 시상식에서 지역사회발전 부문 대상을 수상했다.

서 "강원대학교가 인재들과 함께 세계 속의 명문대학으로 발전하기를 바란다"고 전했다.

청소년들이 자기를 사랑할 줄 알고 타인을 따뜻한 시선으로 바라보며 스스로 원하는 삶을 추구하고 행복질 수 있기를 바인그룹 구성원 모두는 응원한다. 청소년을 건강하게 성장시키는 교육회사로 역사에 남는 것이 바인그룹의 큰 비전이다.

03

♦♦♦

성장하는 회사는
꿈이 익어간다

빗물이 새는 사무실에서
첫 둥지를 틀다

2022년 바인그룹은 창립 27주
년을 맞았지만 여전히 열정이 넘친다. 동화같이 아름다운 기업을
만들어가는 바인그룹은, 1995년 서울 신당동의 작은 3층짜리 빌
딩 2층의 40평도 채 안 되는 사무실에서 첫 둥지를 틀었다. 장마철
이면 여기저기서 빗물이 새어 들어와 물받이 통을 놓아야 했고, 두
칸 정도의 남녀 공동 화장실에서 줄서기 일쑤였다.

이곳에서 100명이 채 안 되는 구성원들과 '성공자는 남다르다'는
사훈 아래 국민에디코가 잉태되었다. 아침에는 도로변에서 구호와

국민에디코가 출범한 서울 중구 흥인동 일신빌딩

체조로 파이팅을 외치고, 매일 이루어지는 교육시간에는 선풍기 소리도 시끄러워 꺼 놓고, 걸려오는 전화벨 소리도 무시하며 교육에 집중하고 열정을 키웠다.

　바인그룹 구성원들은 김영철 대표를 창립 초기부터 '처장'이라고 불렀다. 이는 한 회사의 대표로서 구성원을 이끌기보다 한 부서의 부서장처럼 함께 성장해 가겠다는 뜻이 간절했기 때문이다. 이 '처장'이라는 호칭은 2014년까지 계속되었으며, 1,000억 원 매출이 이루어진 후에야 '대표'로 바뀌었으며 바인그룹 출범 이후 '회장'이라고 불리게 되었다.

신당동 중앙시장 앞 건물에서 흥인동의 작은 빌딩으로 사무실을 이전하였다. 무거운 짐을 손수레에 싣고 가벼운 집기 따위는 손으로 들어 날랐다. 추운 겨울이었지만 새 터전으로 향하는 구성원들의 이마에는 땀이 송골송골 맺혔다. 풍족하지는 않지만 빌딩 2층과 3층에 공간을 확보하여 처장실, 회의실, 총무부, 사무실을 갖추고 어엿한 회사의 모양새를 갖추었다. 1995년 2월, 새로 이전한 일신빌딩 사무실에서 (주)국민에디코는 출범했다.

교육열이 높은 우리나라의 특성상 교육시장은 무한하다. 그에 따른 수요와 공급에 대한 확신이 있었다. 세계의 부를 장악하고 있는 대부분의 사람들은 이 교육의 힘으로 이루어졌는데, 교육사업은 이익을 떠나 세상을 밝게 하고 인간을 행복하게 하는 가치 있는 사업이라고 생각해 기업의 간절한 소명을 담아 출발했다.

자본금 2억 원으로 웅진 등 쟁쟁한 기업들이 장악하고 있던 교육출판 사업에도 도전장을 내밀고 확고한 기반을 잡아갔다. 어린이 학습용 전집을 주로 출간했는데 보통 힘든 게 아니었다. 그래서 단순히 판매하는 데만 그치지 않고 교육하는 것에 역점을 둔 삐아제 연구원을 설립했다.

삐아제 연구원은 유아에게 맞는 유아놀이 시스템을 연구 및 개발하여 보급했다. 유아는 자기를 중심으로 사물을 판단하고, 역으로 되돌려 생각하는 사고 능력이 부족해 논리적이지 않다. 그러나 자발성과 창조성을 가지고 태어난다. 그러므로 자기중심성에서 탈피하게 하고 여러 능력에 공통으로 응용되는 기초적인 사고능력을 길러주면, 자발성과 창조성과 결합되어 높은 사고구조로 발달할 수 있다. 하나를 터득하여 열을 아는 응용능력 및 지식의 구성능력이 길러지는 것이다. 삐아제 연구원은 21세기에는 스스로 생각하고 배우는 주체적인 능력과 창조성 등을 키워야 한다고 일찌감치 내다본 것이다.

삐아제 연구원은 '삐아제 교육이론'을 바탕으로 유아놀이교육 시스템을 연구 및 개발했다. '삐아제 교육이론'은 인간은 출생 후 일정한 순서대로 발달하는데 그 발달순서에는 유아마다 개인차가 있다고 본다. 이 점에 착안해 발달단계별로 차별화된 교육 프로그램을 실시했다. 발달단계에 따른 기차 블록 만들기, 촉감카드, 사운드 블록 등의 프로그램을 유아들은 학습이 아닌 놀이로 받아들였다. 단순한 암기가 아니라 오감을 이용하는 프로그램으로 아이들은 감성과 창의력을 키울 수 있었다.

끊임없이 공부하는 사람이 살아남는다

목표를 세우면 그 목표가 나를 이끌게 된다. 일정한 목표를 향해 끊임없이 자신을 채찍질하는 데

2008년 다이애나 홍의 독서경영 명사초청강연

공부만큼 좋은 게 없다. 바인그룹의 리더와 구성원들은 끊임없이 공부에 매진한다.

필자가 바인그룹과 첫 인연을 맺은 것은 독서경영 강의를 할 때였다. 2008년 독서경영 강의를 했을 때가 지금도 생생히 기억난다. 보통은 강의를 마치면 인사하고 돌아가는데, 바인그룹에서는 CEO가 손수 강연감사패와 꽃다발을 안겨주는 것이었다. 모든 구성원들이 뜨거운 감사의 박수를 보내면서 말이다. 그때의 기억은 잊을 수 없었고, 정말 가슴 뭉클했다.

여러 기업에서 강의했지만 바인그룹만큼 공부에 대한 열정이 뜨거운 기업은 없었다. 바인그룹 구성원들은 배움에 대한 열정이 뜨겁기에 초일류기업으로 성장할 것임을 의심치 않는다.

'열정'이라고 하면 브라이언 트레이시를 빼놓을 수 없다. 그는 다리에 철심을 박은 상태에서도 서서 강의하며 32년간 단 한 번도 강의 약속을 어긴 적이 없다. 열정과 목표를 잊지 않고 하루 15시간씩 일하는 브라이언 트레이시의 면면은 바인그룹 구성원들에게 깊은 울림을 주었다. 바인그룹은 구성원들에게 독서를 권장하기 위해 사옥 곳곳에 도서 비치대를 설치했다. 누구나 쉽게 빼서 읽고 반환하게 했다. 일례로 CEO의 집무실은 구성원에게 개방되어 있다. 그의 집무실에는 도서관처럼 1,000여 권의 책이 있고, 책상과 의자도 여러 개 있다. 구성원들이 책을 읽거나 아이디어를 떠올릴 수 있도록 자리를 마련해 둔 것이다.

이처럼 독서환경이 조성되어 있으니 구성원들끼리 책을 선물하는 문화가 정착되어 있다. 바인그룹은 구성원들의 생일 때마다 신간을 골라 한 달 평균 200권의 책을 선물한다.

"책 읽는 조직은 다릅니다. 독서경영 이후 구성원들의 전문성, 팀워크, 성품이 좋아진 것을 느끼고 있습니다. 조직은 성과보다 문화를 우선해야 합니다. 결국 문화가 있는 기업이 오래 지속가능하기 때문입니다."

신설동 남서울빌딩 사옥

뜻이 바르면
저절로 이익도 생긴다

2000년 7월 주식회사 국민에디코에서 (주)에디코로 상호를 변경했다. (주)에디코로 변경한 이유는 전집류 교재를 보급하는 이미지를 벗고, 주입식 교육에 젖어 있는 사람들의 창의력을 성장시키는 교육전문회사로 거듭나기 위해서다. 에디코는 고객뿐만 아니라 구성원들에게도 교육의 기회를 제공하기 위해 구성원들의 교육을 꾸준히 지원해 나갔다.

2000년 8월 27일, 1995년부터 사무실로 사용한 일신빌딩에서 신설동 남서울빌딩으로 확대 이전했다. 회사가 성장함에 따라 많은

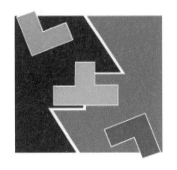

 동화같은 기업 주식회사 에디코

에디코의 레고 로고

구성원들이 오가는 데는 교통문제도 있어서 좋은 곳을 물색한 끝에 신설동으로 사무실을 이전했다. 신설동 로터리 지하철 3번 출구 바로 앞에 있는 남서울빌딩은 지하철 1호선과 2호선과 많은 노선의 버스를 이용할 수 있는 교통의 요지다. 구성원들은 흥인동 사무실로 이전할 때에 비해 규모가 훨씬 커진 것에 뿌듯해 하며 힘든 줄도 모르고 하루 종일 짐을 날랐다.

회사 로고를 '레고'로 정했다. 정사각형은 이상적인 완벽함을 나타내고, 그 안의 직선은 풍부한 감성을 의미한다. 조각의 레고는 이성과 감성을 지닌 인간의 무한한 창조정신과 사고력을 의미한다. 2000년 회사 슬로건을 '레고형 인간'으로 정하고 선포했다. 레고형 인간은 변화무쌍한 삶을 추구하는 유연한 사고와 창의적인 생각을 가진 인간이다. 그리고 동화처럼 아름다운 기업으로 성장할 것을 다짐했다.

바인그룹은 "뜻이 바르면 저절로 이익도 생긴다"는 기업철학이 있으며, 아이들을 단순히 '이익'의 대상으로 보지 않는다. 구성원들은 항상 자신이 '교육을 받는 사람'으로 생각하고 일한다.

인간은 교육과 지속적인 훈련을 통해 무한히 성장할 수 있다. 사람은 누구나 잠재력과 가능성을 갖고 있기 때문이다. 회사가 성장하려면 구성원이 성장해야 한다. 바인그룹은 구성원의 잠재력과 가능성을 믿고, 구성원의 성장을 지원하며, 구성원이 회사를 성장시키는 선순환 시스템을 실현하고 있다. 구성원들은 동료를 신뢰하고 협업하여, 고객에게 최고의 서비스를 제공한다. 또 더불어 나누는 것이 중요하다고 생각해 지역사회의 발전 및 청소년 교육에 힘쓰고 있다.

바인그룹의 리더십은 크게 세 가지로 함축된다. 첫째는 상대방을 긍정적으로 바라볼 것, 둘째는 칭찬과 격려를 아끼지 말 것, 셋째는 상대방의 잠재력을 일깨워주되 믿고 기다려줄 것이다. 먼저 상대방을 긍정적인 시각으로 바라봐야 하는데, 잘하는 점과 부족한 점 중 잘하는 것을 크게 봐야 한다.

"공부하는 독종이 살아남는다"고 했던 이시형 박사는 "어른이 되어서 하는 공부가 진짜 공부"라고 말했다. 왜냐하면 절실함이 있기 때문이다. 절박지수가 높을수록 공부의 입력이 많아지며, 입력된 공부는 시간이 지나면서 숙성되고 발효되어 결정적인 절망의 순간에 출력되어 빛을 보게 된다. 이것이 절박한 사람들의 진짜 공부라 할 수 있다.

나에게 필요한 정보는 안테나를 세우면 걸려든다. 나의 절절함이 무엇이냐에 따라 걸려드는 정보가 다르다. 시간이 지날수록 부패되는 사람이 있고 발효되는 사람이 있다. 위기의 순간은 누구에게나 찾아온다. 절박한 순간이 찾아오면 사람은 초능력을 발휘하게 된다. 그때 잘 익어 숙성되고 발효된 통찰력이 머리에 스파크를 일으킨다. 이것이 진짜 공부의 열매다.

세상은 끊임없이 변하고 어제 통하던 공부가 오늘 통하지는 않는다. 그래서 끊임없이 공부해야 하는데, 바인그룹 구성원들은 일과 중 상당부분을 공부하는 데 투자하고 있다. 사무실이든 집이든 차안이든 주변에는 늘 책이 있고, 출장길에도 공부에 필요한 자료를 가장 먼저 챙긴다.

급변하는 세상에서 살아남기 위해서는 잠시도 고삐를 늦출 수 없다. 무엇보다 CEO는 기업의 방향을 잘 잡아야 하고, 구성원들 역시 회사의 미래 먹거리에 늘 관심을 가지고 끊임없이 공부해야 한다. 가재산은 25년간 삼성에서 일한 경험을 바탕으로 『삼성이 진짜 강한 이유』를 썼는데, 그 책에 의하면 삼성이 진짜 강한 이유는 "우수한 인재를 많이 확보하고 철저히 교육하는 것"이다.

　인간의 뇌는 무궁무진한 발전의 가능성을 가지고 있다. 바인그룹은 이러한 인간의 능력을 믿기에 구성원들의 교육에 아낌없이 투자하고 있다. 구성원들이 끊임없이 성장하기에 회사 역시 지속성장하고 있는 것이다.

04

구성원 모두가
동화의 주인공이 되는 회사

동화처럼 아름다운
회사를 꿈꾸다

초창기에 바인그룹은 동화책을 접하며 동화 같은 세상, 동화 같은 회사를 꿈꾸었다. 동화 속의 주인공이 사는 세상처럼 아름다운 세상을 만들기 위해 에디코가 탄생했다. 동화책 디즈니랜드의 아름다운 글과 그림을 보며, 이런 아름다운 스토리를 기업에도 적용해 보자는 강한 신념이 생겼다.

동화 '알라딘'에 등장하는 요정 지니는 램프를 문지르는 사람의 소원을 이뤄준다. 그래서 학생들의 꿈을 구체화시키고, 실현하도록 도와주는 동화세상에듀코의 코칭 서비스를 알라딘 램프에 비유하

기도 한다.

2022년 창립 27주년을 맞은 바인그룹 구성원들은 '동화 같은 기업'이 현실에서도 가능하다고 믿고 훌륭한 기업문화를 만들어가고 있다.

"동화 속의 주인공들처럼 바인그룹의 구성원들 모두가 행복하고, 고객들에게 기쁨을 줄 수만 있다면 기업가로서 그보다 보람 있는 게 또 있겠느냐"고 반문하는 CEO의 표정에서 바인그룹의 성장비결을 엿볼 수 있었다. 그래서인지 회사 분위기가 여느 기업 못지않게 밝고 따뜻하며 훈훈하다.

회사는 사람과 사람이 만나는 곳이다. 회사 생활이 즐겁지 않으면 좋은 업무결과를 결코 기대할 수 없다. 기업 간 경쟁이 더욱 치열해지고 있지만 회사 내 분위기는 오히려 따뜻하고 편안해야 한다. 무엇보다도 '사람 냄새'가 나는 기업문화를 만들고 싶은 게 바인그룹의 바람이다.

안성 동화마을 연수원

연수원도
동화 속 마을처럼 짓다

　　'연수원'이라고 하면 대부분 공
공기관이나 대기업에서 운영하는 것으로 이해한다. 공기업도 대기
업도 아니지만 바인그룹은 2009년 5월 30일, 구성원들의 성장을
위해 연수원을 마련했다. 경기도 안성에 동화마을 연수원을 완성
해 준공식을 한 것이다. 이 세상의 선한 리더로 꿈을 그리고, 사회
의 빛이 되는 기업의 꿈이 실현되는 곳이다. 안성 동화마을 연수원
은 구성원을 위한 교육의 요람이자, 구성원과 구성원 가족들의 휴식
공간으로 탄생했다. 아름다운 자연환경 속에서 창조적인 아이디어

가 나오고, 사색과 학습, 대화를 나누며 도전의식이 샘솟는 법이다.

몇 년 후 안성 동화마을 연수원은 '100년 기업 100송이 빛으로 다시 태어나다'라는 콘셉트로 다시 태어났다. 요정들과 일루미네이션 효과가 어우러져 낭만과 추억을 선물한다. 구성원들은 이곳에서 잠시 일손을 놓고 에너지를 충전하고, 현장으로 돌아가서 더 큰 에너지로 일도 삶도 달군다.

안성연수원은 동화 속의 아름다운 마을처럼 꾸며졌다. 국내 최초로 타운하우스 형태의 기업연수시설로 들어섰으며, 기존 단체집객형 연수시설과 차별화된다. 필자가 직접 연수원을 체험해 보니, 금방이라도 동화 속 왕자님과 공주님이 손을 내밀어 함께 놀자고 할 것 같았다. 마치 동화 속 마을에 있는 것 같다는 착각이 들 정도였다.

가족과 함께 머물 수 있는 가족친화적으로 설계된 이 연수원은 창조적 아이디어가 샘솟는 공간으로도 구성되었다. 연수원의 여러 건물들은 엘리스, 팅커벨, 신데렐라 등 동화 속 주인공의 이름을 따서 명칭을 붙였다.

이외에도 바인그룹은 구성원을 위해 경기도 양평에 또 다른 연수원인 안데르센 하우스Andersen House도 마련했다. 양평연수원은 고전적인 프리미엄 목조건물로 지어졌다. 구성원을 위한 새로운 힐링공간, 코칭공간, 잠재력 발산의 공간이 필요하다고 생각해 새로 마련된 것이다. 동화 속 귀족의 집처럼 고급스럽게 꾸민 이 공간

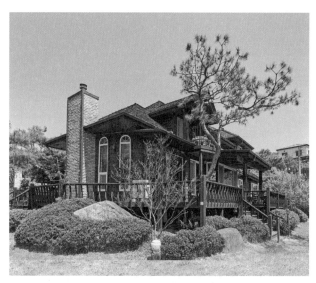

안데르센 하우스

에서는 바쁜 일상에서 잠시 벗어나 달콤한 휴식으로 힐링을 하고, 코칭을 하며, 다양한 아이디어를 발현하고, 끈끈한 정을 나눌 수도 있다.

포도나무처럼
모두에게 이로운 기업을 꿈꾸다

동화세상에듀코의 회사명은 동화처럼 아름다운 회사를 꿈꾸며 만들었다. 하지만 회사가 점점 커지고 계열사도 여럿 생기자 회사 전체를 총괄하는 새로운 그룹명이 필요했다. 거의 8개월 가까이 그룹 이름에 대해 고민했다. 그러나

2017년 1월 18일, 바인그룹 선포식 및 출정식

어느 하나 딱히 마음에 와 닿는 이름이 없었다. 그런데 어느 날 '바인'이라는 이름을 접했을 때 "이거다" 싶었다. 동화의 아름다움을 그대로 간직한 이름 같고, 포도가 가진 상징성도 마음에 들었다.

"포도는 토질에 대한 적응력이 높기에 척박한 환경 속에서도 성장을 멈추지 않잖아요. 동화세상에듀코가 한 그루의 포도나무라면, 바인그룹은 그곳에 알알이 맺어지는 열매처럼 꿈을 실현할 수 있다고 생각합니다. 그리고 포도나무는 끝없는 성장이라는 그룹의

바인그룹 선포식 & 출정식

성격과도 닮아 있습니다. 바인그룹의 계열사가 앞으로 20개, 30개로 뻗어 나가는 과정, 현재 4개국에서 훗날 10개국, 100개국까지 진출해 나갈 과정이 포도나무의 생명력을 닮았으면 좋겠다고 생각했어요. 바인그룹의 건강한 그룹문화라면, 이 사회에 긍정적인 영향력을 발휘할 수 있는 100년 기업으로 충분히 성장할 수 있다고 자신합니다."

척박한 땅에서도 성장하는 포도나무처럼, 바인그룹은 개인 성장과 조직 성장의 열매가 알알이 맺히며 성장하고 있다. 건강한 줄기는 좋은 양분을 열매에 공급하고, 글로벌 그룹의 근간으로 거듭나게 하는 뿌리를 단단히 내리고 있다. 끝없이 뻗어 나가는 포도나무의 모습은 조직과 사회에 선한 영향력을 발휘하는 바인그룹의 발전 과정과 닮았다.

동화세상에듀코의 탄탄한 입지를 바탕으로 교육, 호텔, 플랫폼 서비스, 자산운용, 무역, 외식 등을 아우르는 바인그룹을 창립하게 되었다. 2017년 1월 18일 선포식을 열었다. 2000년에 전 구성원 앞에서 "글로벌 그룹을 만들겠다"고 공언한 지 17년 만이었다.

바인그룹은 본격적인 그룹화를 대내외에 선포하며 구성원들에게 자긍심을 갖게 했다. 바인그룹은 그룹사로 세계를 향해 달려갈 것이며, 구성원 모두가 마음껏 끼를 발산하도록 토대를 마련하겠다고 선언했다.

"바인그룹은 100년 기업, 글로벌기업의 비전을 갖고 20개 이상의 계열사를 지니고, 3만 명의 구성원을 선한 리더로 육성할 겁니다. 자기 성장은 구성원에 그치지 않고, 바인그룹과 함께한 고객 그리고 구성원의 가족과 이웃에게까지 더욱 넓은 영향력을 미치게 될 것입니다."

조직이 커질수록 개인보다는 조직의 이익이 우선되는 경우가 많

2012년 준공한 바인그룹의 신사옥

고, 구성원을 하나로 만드는 것이 힘들어지는데, 바인그룹이 그룹으로 변신한 것은 구성원들에게 더 많은 기회를 부여하고, 꿈을 갖고 넓은 세상에서 재능을 마음껏 펼칠 수 있도록 하기 위해서다.

"사람의 성공은 자신의 기대치만큼 이루어집니다. 현실에 안주하지 않고, 창업하는 마음으로 자신의 잠재력과 가능성을 믿고 또 다른 기적과 신화를 만들어 갑시다!"

인간 내면의 보이지 않은 가능성을 믿어왔고, 구성원들을 성장시키며 지속성장한 바인그룹, 그 이면에는 구성원 모두의 일치된 행동이 있었다. 바로 끊임없는 자기계발이 있었다. 자, 이제부터 사람을 키우며 지속성장하는 바인그룹이 어떻게 인재경영을 실천하고 있는지 알아보기로 하자.

제 2 장

초일류인재는
초일류교육으로
탄생한다

01

긍정 에너지가
초일류기업을 만든다

초일류인재들의 근무 환경은 어떠할까? 지난 15년간 초일류기업에서 강의를 한 필자는 크게 깨달은 바가 있다. 긍정적인 에너지가 가득한 기업에서는 강의가 열정적으로 진행되어 강사도 교육받는 임직원들도 최고의 결과를 가져오지만 부정적인 에너지가 강한 기업은 강의하기가 상당히 어려운 것 같다. 초일류인재들이 근무하는 기업들 중에는 외부에서 보는 것과는 달리 치열한 경쟁과 과도한 업무로 열정이 사그라진 기업도 많다.

그렇다면 바인그룹의 업무 환경은 어떠할까? 바인그룹 구성원들과 인터뷰하면서 알아보았다. 인터뷰를 하는 내내 느꼈지만 구성원

바인그룹 인재양성의 중심에는 바인아카데미가 있다.

들의 마인드가 긍정적이다. 아니, 초긍정적이다. 눈빛도 살아 있고, 표정도 밝다. 덕분에 지난 1년간 바인그룹 구성원 20여 명을 인터뷰하는 과정에서 긍정 에너지를 받았고, 책을 집필하는 데도 적극적으로 협조해 주어 불편함이 없었다. 역시 잘되는 기업은 긍정 에너지로 가득하다.

바인그룹의 긍정 에너지는 어디에서 시작되는가? 바인그룹에 긍정 에너지가 넘치는 것은 구성원 교육 덕분이다. "사람을 성장시켜야 회사가 성장한다"는 경영철학이 있는 바인그룹은 구성원을 교육하는 데 삼성과 셀트리온 등 대기업 못지않게 투자하고 있다.

바인그룹 인재양성의 중심에는 바인아카데미가 있다. 바인아카데미는 리더십을 비롯해 자기성장을 위한 회사주도, 부서주도, 자기주도 프로그램 등을 다양하게 운영하고 있는데, 우리 사회에 선한 영향력을 끼치는 선한 리더를 다양한 교육을 통해 양성하고 있다. 이외에도 다양한 교육 프로그램을 운영하고 있는데, 바인그룹의 창립멤버이자 신사업 개발팀 부서장인 양복렬 COO Chief Operating Officer 는 카네기 교육이 자신을 가장 많이 변화시켰다고 고백한다.

에디코 바인그룹의 전신 는 1997년 카네기리더십 교육을 도입했다. 카네기리더십 교육은 110년간 전 세계 90개국에서 글로벌 HRD기관으로서 개인과 조직의 역량개발에 힘써온 데일 카네기의 리더십 교육 프로그램이다. 회사의 과장급 이상을 대상으로 하는 이 교육은, 행동과 실천에 초점을 맞춰 자신을 성장시키는 프로그램이다. 양복렬 COO는 평소에 정확한 것을 좋아하는 성향이라 카리스마가 넘치다 보니 함께 일하는 구성원들이 자신에게 다소 불편함을 느꼈을 거라고 생각해 왔다. 그는 카네기리더십 교육을 받은 이후 사고도 유연해졌으며 특히 인간관계가 좋아졌다고 한다. 무엇보다도 긍정 에너지가 생기게 된 것이다.

관리자라면 인간관계가 무엇보다 중요하다. 인간관계를 잘 맺어야 강한 조직을 만들 수 있기 때문이다. 그런데 일보다 인간관계가 더 힘들다는 직장인들이 많다. 그만큼 직장생활에서 인간관계를 잘 맺기가 힘든 법이다. 필자는 어느 날 반도체장비 제조사인 주성엔지니어링에 방문한 적이 있는데, 그 회사의 1층 로비에는 "주성은 행복을 만드는 곳이고, 가정은 행복을 즐기는 곳이다"라는 문구가 적혀 있었다. 참으로 좋은 말이지만 우리나라에서 이 말을 실천하는 회사가 과연 얼마나 있을까? 행복을 만드는 회사가 되려면 함께 일하는 사람들과 즐겁게 일해야 하지 않을까? 마음 편히 출근하고 싶은 회사가 되고, 출근해서 동료들과 인간관계가 원만하게 이루어지면 일도 잘되고, 성과도 좋아질 것이다. 당연히 행복도 따라 붙게 될 것이다.

카네기리더십 교육은 발표와 토론도 교육하는데, 이때 무엇보다 소통을 강조한다. 예를 들어 회의시간에 팀원들과 소통하지 않고 일방적으로 생각과 주장을 펼치는 리더는 고리타분하고 권위적인 직장상사로 비춰질 것이다. 반면에 회의시간 외에도 팀원들과 자주 소통하는 리더는 회의시간에 굳이 여러 말을 하지 않더라도 상대로 하여금 공감을 얻어낼 것이다.

양복렬 COO는 팀원들과 협업이나 팀워크를 위해 평소에 대화를 많이 하는 편이다. 목적이 분명하면 팀워크가 좋아진다고 생각하는 그는 "방향설정을 잘하면 회의를 짧게 해도 목표와 핵심은 분명해진다"고 말한다. 평소에 그는 카네기 스타일인 '비비불 미인 대칭'을 실천하고 있다. 비난하지 않고, 비판하지 않으며, 불평하지 않고, 미소 짓고, 인사하고, 대화하고, 칭찬하며 팀원들과 소통하고 있는 것이다.

2008년 11월 미국지사 오픈식

1995년 에디코 창립 당시부터 함께한 양복렬 COO는 이제 27년을 동고동락하고 있다. 삐아제 교육 프로그램, 홈스쿨 교사 양성, 한글과 수 등 유아교육사업, 학습코칭, 전화영어 등 교육사업의 기틀을 잡은 핵심 구성원이다. 2006년 중국지사를 직접 설립해 전화코칭을 성공적으로 진행하고 있고, 2008년 미국지사를 설립해 원어민 전화영어 수업을 런칭하였다. 2013년 상상코칭을 브랜드화했다. 교육의 성과를 높이기 위해서는 장기적으로 학생 스스로 공부를 하고자 하는 마인드를 고취시키는 것이 중요하다. 학생 스스로 목표를 설정하고 효율적인 방법을 찾을 수 있도록, 코치가 뜨겁게 동기를 부여해 주는 것이 바로 '상상코칭'이다.

양 COO는 현재 신사업 개발팀 부서장으로서 '더세이브' 플랫폼 서비스 사업을 이끌고 있다. 더세이브는 소상공인의 비즈니스를 위한 통합 솔루션 시스템을 제공하는데, 온라인을 기반으로 한 '경리 아웃소싱' 서비스와 세무기장 앱 서비스를 제공하고 있다. 경리 아웃소싱 서비스는 앞으로 식자재 유통 분야까지 펼쳐나갈 계획이다.

스스로를 관리자의 원조라고 일컫는 양복렬 COO는 자신의 성과 중 가장 잘한 것으로 EEP전사적 자원관리 시스템으로 회원이 바인그룹의 서비스를 이용하고 수업을 듣고 관리받으며 결재되는 재무, 회계, 영업 등 모든 것을 관리하는 시스템를 꼽는다. 이 시스템으로 전국 각지의 지사 운영에 큰 도움이 되었기 때문이다. 그는 바인그룹의 사내벤처인 '100프로젝트'에 많이 참여해 회사에서 아이디어맨으로 통한다.

창립 당시부터 27년간 함께 동행할 수 있었던 이유에 대해 묻자 양복렬 COO는 1초도 망설이지 않고 "경영자의 리더십과 구성원들의 신뢰도가 높기 때문"이라고 힘주어 말했다. 그에게 앞으로의 목표에 대해 묻자 "사람을 소중하게 여기는 바인그룹에서 선한 리더십으로 공헌하고 싶다"고 밝혔다. 창립 초기의 열정을 지금도 잃지 않고 있는데, 앞으로도 그 열정을 변함없이 발휘하고자 그렇게 답변한 것이다.

흔히 사보는 어느 정도 규모 있는 회사에서 발행하는데, 회사 규모가 커지는 만큼 구성원들의 마음을 하나로 이어주기가 여의치

1997년 1월 15일에 창립 2주년을 기념하여 사보 〈Good News〉를 발행했다.

않을 때가 많다. 이때 워크숍이나 체육대회, 사보 등이 구성원들의 마음을 이어주는 데 크게 기여한다. 에디코는 1997년 1월 15일에 창립 2주년을 기념하여 사보 〈Good News〉를 발행했다. B5판형에 40쪽으로 발행된 사보의 표지에는 1996년 추계등반대회 사진을 실었고, 발간사에 이어 '자축의 글', '에디코의 96년', '성장의 글', '마음의 글' 등을 실어 구성원들이 사보 제작에 함께 참여할 수 있도록 했다.

이 사보의 발간사에는 "봄에 난 나뭇잎은 이글거리는 태양 아래서 푸르름을 뽐내지만, 가을이면 낙엽이 되어 땅에 떨어져 뿌리를 덮어 겨울을 나게 하고 흙을 살찌워 이듬해 봄에는 더 힘차게 새 잎이 되도록 하니, 자기가 처한 위치에서 열심히 살아가며 소중한 시간을 친구 삼아 하고자 하는 생각과 계획을 이루어가는 에디코인이 되길 바란다"는 바라는 말이 실렸다.

사보 〈Good News〉는 1998년 8월에 2호가 발행되었으며, 2001년 1월에 3호를 편집하였고, 2002년 〈나눔터〉로 재창간되었다.

초·중등교육사업
홈스쿨을 설립하다

오늘날 학부모 세대는 어릴 적부터 우리나라를 비롯해 동서양의 문학과 역사, 사상 등을 공부하기 위해 전집류를 읽었다. 이렇게 읽은 책이 밑거름이 되어 대학생활과 사회생활에도 큰 도움이 되었다. 인간과 세상을 바라보는 안목을 독서를 통해 기를 수 있었던 것이다.

1990년대 이후 전집류를 읽는 어린이들이 점점 줄어들기 시작했다. 전집류 출판시장이 축소되자 전집류를 출간하는 출판사들도 줄기 시작했다. 어린이들은 전집류를 읽는 대신 교재나 교구를 활용해 교사와 함께 공부하는 쪽으로 교육 트렌드가 바뀌었다. 트렌드를 읽는 회사에게 새로운 기회가 생기는 법인데, 에디코는 이 기회를 놓치지 않았다.

전집류 판매가 점점 줄어드는 현실에서 에디코는 1996년 삐아제

1997년 초·중등교육사업을 전담하는 홈스쿨을 설립했다.

연구원을 설립했다. 단순히 책을 판매하는 데 그치지 않고 교육하는 것에 역점을 두었기 때문이다. 억지로 하는 공부보다 놀이처럼 재밌게 하는 공부가 뼈가 되고 살이 되는 법이다. 삐아제 연구원에서는 '삐아제 교육이론'을 바탕으로 어린이 개개인에 맞는 유아놀이교육 시스템을 연구하여 개발하고 보급하였다. 세상 모든 아이들은 밤하늘에 빛나는 저 별들처럼 자기만의 모양과 크기로 빛난다. 하지만 우리는 똑같은 방식의 학습을 어린이에게 강요한다. 이른바 주입식 교육을 강요하는 것이다.

'삐아제 교육이론'은 "인간은 출생 후 일정한 순서대로 발달하는데, 그 발달 순서에는 개인차가 있다"고 본다. 삐아제 연구원은 바로 이 점에 착안해 발달단계별 교육 프로그램을 연구하여 개발했다. 삐아제 연구원이 개발한 유아놀이교육 시스템은 단순히 교재나 교구를 판매하는 데 그치지 않고 어린이들이 교재나 교구를 활용해 발달하는 과정을 지도해 주었다. 삐아제 유아놀이교육 시스템은 회원 수를 크게 늘려 나갔고, 그만큼 매출도 늘게 되었다.

그런데 삐아제 유아놀이교육 시스템은 유아를 대상으로 했기 때문에 초중고 학생들을 대상으로 하는 교육프로그램이 필요했다. 그리하여 1997년 초·중등교육사업을 전담하는 홈스쿨을 설립했다. 홈스쿨 연구원에서는 학생들 개개인의 실력에 맞추어 집에서 학습할 수 있도록 하는 교육 프로그램을 개발하여 영어와 수학을 중점적으로 교육했다.

당시만 해도 교재나 교구를 활용해 학생들을 지도하는 교육 기업들은 오프라인 위주로 수업했다. 하지만 홈스쿨은 온라인과 오프라인을 결합하여 집에서 공부할 수 있는, 당시로서는 획기적인 프로그램을 선보였다. '투비넷'이라는 온라인상의 프로그램으로 개인별로 전 과목별 학습 진도를 체크해 주고 전문 코치가 방문해 한 번에 30분에서 1시간의 교육으로 학생에게 맞는 학습량과 학습목표를 제시해 주었다. 기존의 개인차를 무시하는 진도 위주의 학습이 아니라 성취도 위주의 교육으로 학습효과가 뛰어날 수밖에 없다.

이처럼 혁신적인 교육 프로그램으로 에디코는 크게 성장할 수 있었다. 하지만 자만하지 않고 홈스쿨 프로그램을 위한 콘텐츠 개발에 더욱 힘썼다. 또 사내 교육을 강화하여 코치들의 교육 역량을 다지는 데도 주력했다. 이렇게 내실을 다지면 회사 내부의 성장에 그치지 않고, 고객 회원들에게 전파되어 미래 인재 양성에 선한 영향력을 끼칠 수 있다고 확신했기 때문이었다.

그런데 회사가 점점 성장해 가는 과정에서 예기치 않게 엄청난 불황의 경제 한파가 몰아쳤다.

데일 카네기 리더십 교육을
도입하다

1997년 대한민국에 IMF의 한파가 몰아쳤다. 물가는 오르는데 주가는 폭락하고, 국내 경기가 추락하자 실업자가 늘고 모두가 힘든 시기였다. 에디코 역시 단순한 영업만으로는 살아남기가 힘들었다. 바인그룹은 교육사업을 하는 회사로서 회원들의 교육을 돕고 지도하는 것이 중요하지만 위기에서 살아남기 위해 구성원 교육의 중요성을 깨달았다. 어려울 때일수록 교육의 힘은 빛을 발한다. 살아남기 위해서 공부는 선택이 아닌 필수였다.

그때 당시 회사는 데일 카네기 교육의 우수성을 먼저 알아보고, 이 교육을 구성원도 교육받도록 지원했다. 회사의 핵심가치를 선한 인재양성에 두고 구성원들의 교육에 사활을 건 것이다. 필자 역시 오래전에 카네기 최고경영자 과정을 이수하고 너무 좋아 가족들에게도 전파한 기억이 있다. 카네기 교육을 받은 사람은 서로 잘 통한다. 긍정 에너지가 몸과 마음으로부터 자연스럽게 묻어나기 때문이다. 좋은 생각이 좋은 결과를 불러오고, 긍정 에너지가 성장 에너지로 바뀌어 좋은 결과를 낳는다.

그러한 경영철학을 고집한 바인그룹은 적지 않는 비용을 들여가면서 구성원들에게 카네기 교육 기회를 제공했다. 교육을 받은 구성원들은 사내 교육을 통해 다른 팀원들에게 교육 내용을 전파했다. 이는 교육이 회사 내부에서만 그치지 않고 회원들이나 고객들에게도 전파되어 우리 사회의 미래 인재 양성에 이르게 하기 위해서였다.

『데일 카네기 인간관계론』은 많은 사람들이 읽고 책의 교훈을 생활화하는 바이블이 될 만큼 좋은 책이다. 일보다 인간관계가 힘들다는 사람이 많다. 그만큼 인간관계는 사람 사는 세상에서 참으로 어려운 법이다.

데일 카네기Dale Carnegie, 1888~1955는 미국 미주리 주 매리빌에 있는 한 농장에서 태어났다. 워런스버그 주립 사범대학을 졸업한 후 네브래스카에서 교사와 세일즈맨 등으로 사회생활을 하면서 수많은 실패를 경험했다. 1912년 뉴욕 YMCA에서 성인을 대상으로 대화 및 연설 기술을 강연하면서 그는 유명해지게 되었다. 이론

데일 카네기

이 아닌 사례 중심으로 펼쳐지는 그의 강의는 선풍적인 인기를 끌었다. 인간관계는 친구를 만들고 적을 만들지 않는 것에서 시작된다. 카네기 인간관계론의 최고 장점은 바로 단순 명료함이다. 비비불, 미인대칭비난, 비평, 불만을 말하지 말고, 미소 짓고, 인사하고, 대화하고, 칭찬하자이 대표적이다. 도무지 갈피를 잡을 수 없을 것만 같던 온갖 난제들을 만났을 때 이 비비불 미인대칭은 단순하고 명료하게 해답을 제시한다.

좋은 제품과 시스템은 사람으로부터 나온다. 좋은 인재를 발굴하여 탁월함을 키워가는 인재로 양성하는 것은 기업의 최고 경쟁력이다. 구성원 개개인의 경쟁력이 회사 전체의 집단경쟁력으로 융합될 때 회사의 성장 동력이 커진다. 데일 카네기 교육을 공유한 에디코는 유연한 사고와 부드러운 리더십을 갖추게 되었고, IMF의 한파에서도 살아남을 수 있었다.

다음은 데일 카네기 인간관계론의 핵심이다.

●사람을 움직이는 3가지 원칙

1. 남을 비난하지 말기

2. 진심으로 칭찬, 격려하기

3. 상대방 마음속에 강한 욕구를 불러일으키도록 만들기

●호감을 얻기 위한 6가지 비결

1. 순수하고 성실한 관심을 보이기

2. 미소 짓기

3. 이름을 기억하고 부르기

4. 경청하기

5. 상대가 몰두해 있는 화제 말하기

6. 아낌없이 칭찬하고 상대방에 대한 이야기 이끌기

●누구든지 자기 사람으로 만드는 비법

1. 진심과 정성을 담기

2. 한몫을 하게 하기

3. 한 발짝 물러나기

4. 권위를 부여하기

5. 전문가의 의견을 묻는 것처럼 부탁하기

6. '나'가 아닌 '우리'라고 말하기

7. 그룹에 속한 것처럼 만들기

02

◆◆◆

구성원 성장이
고객 성장으로 이어진다

회사의 이익보다 구성원들의 성장이 우선이라는 경영철학은 바인그룹의 CI인 포도나무에 나타나 있다. 초중고 교육서비스 분야에서 일하는 구성원 몇몇의 이야기를 들어보면 "솔직히 동창 모임에 나가는 것이 즐겁지만은 않다"고 한다. 술 몇 잔이 돌고 나면 대부분 직장생활을 한탄하는 것으로 끝난다. 과거에는 그렇게 했던 구성원들은 바인그룹에서 성공학, 자기계발, 리더십 관련 교육을 꾸준히 받으며 달라졌다. 자신감을 되찾고 모든 일에 적극적으로 바뀌었다. 불평할 시간에 새 아이디어를 짜고 실천계획을 세우는 것이다. '성장은 만족'에서 비롯된다. 불만을 늘어놓는 대신 현재에 만족하고 다양한 학습을 하면서 한 단계

1999년에 피닉스리더십 교육과정을 도입했다.

높은 목표를 위해 미래를 설계하면 결과는 달라진다.

1999년에 인재양성을 위해 브라이언 트레이시가 개발한 피닉스리더십 교육과정을 도입했다. 피닉스리더십은 개인의 무한한 잠재능력을 깨닫고, 자신감을 회복하여 성공과 성취의 길로 안내하는 것을 목표로 한다. 즉 자신의 인생과 삶의 확실한 목표를 정립하고 잠재능력을 개발하고 슈퍼의식을 발동하여 인생의 진정한 목적을 찾고 성과와 성취 그리고 사랑을 완성하는 데 교육의 목적과 가치를 둔 것이다. 전 구성원들을 대상으로 외부 교육센터에서 3박 4일간 수강하도록 했고, 2008년부터는 강사 코스까지 마친 구성원이 강사가 되어 사내 교육에 활용하도록 했다.

2000년 11월 부서장 대상으로 진행된 피닉스 챌린지 코스

2000년 11월 11일 피닉스리더십센터에서 주관한 3박 4일 일정
의 피닉스챌린지 코스에는 부서장들을 참석시켰다. 에디코가 창업
당시부터 불황을 이겨내고 성공적으로 회사가 발전해 온 것은 좋
은 교육 시스템을 과감하게 도입했기 때문이다. 바인그룹은 구성원
들이 발전하고 행복해야 회사도 발전할 수 있다는 신념이 있었기에
IMF의 한파에도 불구하고 구성원들의 교육에 투자를 아끼지 않았
다. 강의를 이수한 간부들은 자신들의 능력을 배가시킴은 물론 그
노하우를 구성원들의 교육으로 전파했다. 피닉스리더십 교육은 세
계적인 자기계발 전문가 브라이언 트레이시의 철학과 기법을 담은
것이다. 이 교육은 개인으로 하여금 숨어 있는 잠재력을 깨닫고 삶

의 목표 설정과 동기부여를 통해 성공을 향해 나아가는 방법을 제시했다.

"태도의 변화가 마음의 변화를 가져오고, 마음의 변화가 인생의 변화를 가져온다."

피닉스리더십은 태도의 변화를 목표로 했다. 모든 것이 자신의 책임임을 인정하는 긍정적인 생각을 생활화할 때 리더십은 저절로 발휘될 수 있다. 이를 위해 현상을 바라보는 개인의 태도를 변화시키는 데 교육의 초점을 두었다. 예를 들어 '나는 내가 좋다!', '오늘은 분명 좋은 일이 있을 거야!' 등을 반복적으로 생각하면 긍정적인 자기 최면이 현실화될 수 있다는 것이다.

2017년 4월 4일, 바인그룹은 위대한 리더십 구루로 추앙받고 있는 브라이언 트레이시를 초청해 특별강연회를 개최했다. 코엑스 오디토리움에서 열린 강연회는 오후 7시부터 2시간 동안 진행됐다. 이 강연에서 브라이언 트레이시는 세계적인 성공 사례를 소개하고, 성공에 이르는 방법과 리더의 핵심 조건을 제시했다. 이 강연은 동시통역으로 이루어진 덕분에 브라이언 트레이시의 사고와 지식을 관람객이 쉽게 이해할 수 있도록 진행했다.

브라이언 트레이시는 세계적인 자기계발 전문가다. 가정형편이 어려워 고등학교를 중퇴했지만 인생 밑바닥의 굴레를 벗어나기 위해 무작정 아프리카로 떠나 3년에 걸쳐 사하라사막을 횡단했다. 이후 그는 사막 횡단에서 얻은 불굴의 도전정신과 자신의 삶에 대한

2017년 4월 4일, 브라이언 트레이시를 초청해 특별강연회를 개최했다.

애착을 바탕으로 22개 사업을 일으켜 세우고 전 세계를 돌며 성공 방법을 알려주었다.

이날 강연에서 브라이언 트레이시는 "리더는 스스로 결정하고, 결과에 대해 책임지고, 의지가 강하며, 부의 창출을 위해 연구를 게을리 하지 않는다"고 말했다. 소득을 두 배로 늘리는 방법은 간단하다. 그 결과를 두 배로 만들면 된다. 브라이언 트레이시에 의하면, 좋은 결과를 얻기 위해서는 다음과 같이 하면 된다. 회사를 5년 이내에 두 배로 키우기 위해 목표를 설정하고, 인력 고용, 기술 트레이닝, 영업기술 개발, 날마다 매출액·배송·세일즈·고객관리 등을 기록 및 점검하면서 5년 후의 전망과 오늘의 결과를 비교 분석해야 한다.

또 영업매출을 늘리기 위해 영업력을 강화해야 하고, 고객과의 상담 시간을 대폭 늘려야 한다. 매달 2%씩 늘리면 1년에 25%의 추가 매출이 가능하다. 브라이언 트레이시는 "매출을 늘리기 위해서는 무엇보다 세일즈가 가장 중요하고, 성공의 90%는 제품의 품질과 서비스에 달려 있다"고 말했다.

부유한 사람의 습관을 따라하면 10년 이내에 소득을 100배 늘릴 수 있다. 상위 2~3%의 사람들은 더 많은 돈을 번다. 일반 직장인의 평균보다 300배를 번다. 이 사람들은 스마트하며 똑똑할 것이라 생각한다. 하지만 처음에는 이들도 비슷하게 시작했다. 다만 결과를 내는 능력이 남다르다. 좋은 결과를 내기 위해 노력했고, 성공한 사람은 성공의 숙련도를 증대시킨 것이다.

브라이언 트레이시는 "내 삶은 내가 책임져야 한다. 핑계, 남탓, 비난은 안 된다. 자신이 책임져야 한다"고 강조했다. 그는 "성공을 위해 분명한 목적을 가져야 하며, 명확한 목표를 숫자로 적어 놓고 목표를 이루기 위해 매일 노력하라"고 했다. 이외에도 일에는 우선순위를 정할 것, 시간 낭비를 하지 말 것, 독서, 건강관리 등을 명확한 수치로 목표 설정하기, 실패를 두려워하지 않는 도전정신 등을 강조했다.

브라이언 트레이시는 자신이 하는 일에서 성공하기 위해서는 먼저 자신의 역량부터 높일 것을 강조했다. 자신의 역량이 곧 그가 달성할 수 있는 목표를 말해 준다는 것이다.

성장에 반드시 필요한
'3심心'

자신의 역량을 높이기 위해서는 부정적인 생각을 긍정적인 생각으로 바꾸는 것부터 시작해야 한다. 바인그룹의 동화세상에듀코 코칭교육부 청주교육센터 이창동 상무와 인터뷰하면서 필자는 그 점을 더욱 깨달을 수 있었다. 코로나로 대면인터뷰가 어려워서 이메일로 인터뷰했는데, 그의 답변의 글을 읽으면서 '아, 이분은 반드시 바인그룹에서 큰 뜻을 이루겠구나!' 하는 예감이 들었다.

2008년 바인그룹과 첫 인연이 시작되어 현재까지 14년 일하고 있는 이창동 상무는 앞으로 바인그룹과 영원히 함께할 거라고 한다.

"처음, 바인그룹을 만났을 때 저의 개인사정은 굉장히 좋지 않았습니다. 회사와 첫 인연을 맺게 되어 본사 시상식에 참석했을 때, 큰 감동을 받아 지금까지 바인그룹에서 큰 비전을 느끼며 동행하고 있습니다. 바인그룹 구성원들 중 많은 분들이 힘든 상황을 극복해낸 사례들을 듣고 직접 보니, 나 또한 이 회사를 만나 가난도 끊고, 부정적인 감정을 끊고 싶다는 평소의 생각이 바인그룹 안에서라면 나도 할 수 있겠다는 자신감과 비전으로 바뀌었습니다."

바인그룹과 첫 인연을 맺을 당시에 이창동 상무는 피해의식이 많았고 '나도 성장하고 성공할 수 있다'는 자신감 역시 없었다. 단지 '돈을 한번 많이 벌어보자'라고 생각하며 개미처럼 열심히 일만 하는 사람이었다. 하지만 바인그룹에서 일하면서 사내 교육을 받고, 구성원들과 함께하면서 돈이 성장을 위한 전부가 아님을 깨달았고, '나 혼자만 성장하는 것은 성공이 아니'라는 것도 깨닫게 되었다.

자신감과 비전이 생기게 된 이창동 상무는 구성원들과 함께 동행하고 있다. 회사의 비전을 가슴에 품고, 회사와 함께 성장할 수 있겠다고 생각하며 회사와 동행하기 시작했다. 그는 회사에서 진행하는 바인아카데미 교육과 선배들의 좋은 사례를 통해 지금까지 성장할 수 있었다고 말했다.

이창동 상무에게 "조직을 운영하고, 팀원들을 성장시키기 위해 필요한 리더십은 무엇이냐"고 묻자 그는 "가장 중요한 것은 '등行動'으로 리드하는 것"이라고 말했다. '등行動'으로 리드하는 것'은 팀원들에게 말로만 지시하는 것이 아니라 솔선수범하는 것이다. 자신이 먼저 행동함으로써 팀원 혹은 후배들에게 자신의 등을 보이도록 하면 자연히 따르게 된다는 것이다. 이렇게 리더로서 노력하는 모습을 보이면 구성원들 역시 실행으로 옮기게 되는데, 결국 성장이라는 결과를 얻을 수 있다.

이창동 상무는 성장에 반드시 필요한 것으로 '3심心'을 강조하는

데, 바로 열심, 진심, 결심이다. 열심히 최선을 다하고, 진심을 다해야 하며, 무뎌지지 않도록 지속적으로 결심하여 지켜 나가야 한다고 말한다. 또 그는 팀원들에게 "사람은 실수할 수 있지만 실수한 것을 거짓으로 덮으면 더 큰 잘못을 일으키니, 실수하게 되면 항상 진실하게 토로하고, 이것을 함께 바로 잡자"고 늘 이야기하고 있다.

"지금의 저는 좋은 선배들과 회사의 사랑을 받은 덕분에 성장할 수 있었습니다. 저도 후배들에게 좋은 선배가 되고 싶습니다."

그는 바인그룹의 모든 상품을 고객에게 전달하고 알리는 마케팅 조직의 리더이다. 회사의 모든 업무를 다각화하고 새로운 마케팅으로 고객들과 만나고 있다. 코칭교육부 청주교육센터에서 온라인마케팅을 담당하고 있으며, 바인그룹의 교육상품을 비롯해 여러 계열사 상품들의 마케팅을 진행하고, 고객들에게 바인그룹의 상품을 널리 알리고 있다.

"고객이 우리 상품을 구매함으로써 회사 매출이 증대할 수 있도록 기여하고, 더 나아가 바인그룹이 업계 최고가 되고 글로벌기업으로 나아갈 수 있도록 최고의 마케팅을 할 것입니다."

청주교육센터는 앞서가는 마케팅 전략으로 많은 구성원에게 귀감을 사는데, 다음과 같이 하고 있다. 매주 부서장 TFT Task Force Team와 코치 중심의 12개 분야별 TFT 미팅을 진행하며, 일주일 동안 각 부서에서 실행한 마케팅 아이디어를 공유하고, 결과가 좋은 마케팅 전략을 전 부서가 활용할 수 있도록 공유한다. 참고로 바인그룹에는 TFT 문화가 활성화되어 있다. TFT는 어떠한 업무를 수행하기 위해 여러 부서들의 팀원들이 하나로 협업하기 위한 공동체이다.

현재 진행되고 있는 디지털 마케팅으로는 네이버 블로그, 카페, 지식인, 웹사이트, 네이버TV와 카카오 채널, 카카오 스토리, 오픈채팅 마케팅 등이 있으며, '일취월장TV'라는 유튜브 채널을 운영하고, 당근마켓 어플리케이션도 활용하고 있다. 올해 청주교육센터에서 본격적으로 도전하고 있는 디지털 마케팅은 '라이브커머스'와 '메타버스'다. 물론 처음이라 시행착오를 겪을 때도 있지만, 항상 교육, 정치, 경제, 문화 등과 관련된 최신 트렌드를 폭넓게 학습하며 마케팅 개발을 하고 있다.

구성원 모두가 윈윈할 수 있는 '의식성장'

청주교육센터에서 구성원들에게 가장 강조하고 있는 것은 '의식성장'이다. 의식이 성장하려면 나 자신에 대해 아는 것부터 시작해야 하는데, 독서와 동영상 학습, 산책, 결심을 통해 스스로 생각을 많이 하도록 한다. 독일의 의식성장 분야 리더 알렉스 룽구는 자기계발을 넘어 온전한 나로 살기 위한 철학적, 경험적 안내서인 『의미 있는 삶을 위하여』에서 "행동하지 못할 때 그건 의지의 문제가 아닙니다. 자아에 대한 무지가 문제입니다"라고 말했다.

열일곱 살 때 우연히 한국 TV 프로그램을 접한 후 한국 문화에 푹 빠진 독일인 알렉스 룽구는 독일에서 대학원을 마친 후 한국 이민을 결심하고, 한국에서 생활하며 한국어로 강의하고 글을 쓰는 '의식성장 리더'이자 '하이어셀프HigherSelf 의식성장 학교' 대표이다. 수없이 많은 일들을 바쁘게 해내면서 "이것 봐, 나 완전 열심히 살고 있는데?"라고 말하는 이들에게 이 책은 '어떻게 내 삶에서 문제를 해결할 수 있는지'가 아니라 '어떻게 충만한 삶을 살아갈 수 있는지'를 명쾌하게 알려준다.

의식성장의 단계를 ①준비 단계, ②구체화 단계, ③실행 단계, ④장애물 극복 단계로 체계적으로 나누어, 의지를 불태우다 다시 주저앉기를 반복하는 이들을 끝까지 안내한다. 목적, 목표, 전략을 세워보지만 흐지부지 다시 일상 속에서 허덕이며 사는 것이 아니라 진짜로 변화된 삶으로 '행동'하게 만들어준다.

이창동 상무는 또한 '우리'를 가장 강조한다. 나와 구성원 모두가 함께하는 문화를 추구하는 것이다. 서로 배려하고, 함께 협업하며 가진 것을 나누고, 서로 돕는 동시에 선의의 경쟁을 통해 서로 성장할 수 있도록 하고 있다. 그리고 구성원들로 하여금 바인아카데미 교육도 활용하도록 한다. 바인아카데미 교육을 통해 긍정적인 자세와 마인드, 목표 지향적인 사고를 갖도록 한다. 이 교육을 통해 모든 구성원이 리더십을 기를 수 있고, 성과를 올릴 수 있는 학습도 한다.

바인그룹은 핵심가치인 '인재양성'을 위해 바인아카데미를 운영하고 있는데, 교수와 강사를 꿈꾸는 모든 코치들을 위해 바인아카데미 페스티벌도 매년 진행한다. 바인아카데미는 독서경영을 비롯해 자기성장을 위한 회사주도, 부서주도, 자기주도 프로그램 등을 다양하게 운영하고 있다. 우리 사회에 선한 영향력을 끼치는 선한 리더를 양성하기 위해 다양한 교육을 하고 있다.

〈2022년 바인아카데미 교육〉

1) 피닉스리더십 세미나

피닉스리더십 교육

1999년부터 피닉스리더십 교육을 시작하였다. 2008년에 이르러 당시 마스터 라이선스가 있던 한국리더십센터와 라이선스 계약을 맺고 사내강사를 육성하여 사내에서 자체 교육을 진행했다. 이후 2013년에는 캐나다에 법인이 있는 브라이언 트레이시 인터내셔널Brian Tracy International과 직접 계약을 맺어 교육을 진행하였으며, 2017년에는 대한민국에서 교육 및 콘텐츠 판매 등을 총괄하는 마스터 라이선스 계약을 맺었다. 이 교육은 "사람이 원하는 최고의 성과를 낼 수 있음을 알고 실천하는 것"이 목표이다. 사람에겐 누구나 무한한 잠재능력이 있음을 믿고 각자가 자신의 삶의 리더로써 목표를 이루기 위해 어떤 마음가짐을 가지고 실천해야 하는지를 배울 수 있다.

2) The 7 habits of Highly Effective People성공하는 사람들의 7가지 습관

7 Habits

스티븐 코비 박사의 『성공하는 사람들의 7가지 습관』은 전 세계적인 베스트셀러이자 스테디셀러이다. 동화세상에듀코에서는 2001년 1월 라이선스 계약을 하여 제1기 교육을 시작하였다. '7 Habits'라는 제목처럼 성공을 위한 7가지 법칙을 배울 수 있는 교육 프로그램이다.

3) 액션스피치리더십코스

2017년 사내 강사들이 1년여에 걸쳐 '액션스피치리더십코스'를

액션스피치리더십코스

개발하였다. 이 교육은 스피치를 기반으로 하는 과정으로 실천하는 리더십을 알려주고 인성을 키우는 과정을 통해 나눔의 중요성을 일깨워준다.

4) CS트레이닝

CS트레이닝

2004년 8월 사내 강사를 육성하여 2005년 5월 제1기 교육을 시작한 CS트레이닝은 고객만족 크리에이터를 육성하기 위한 프로그램이다. 고객을 이해하고 고객만족을 위한 이론을 배우며 실전에 적용할 수 있도록 만들어진 과정이다.

5) 상상코칭 프로그램

2009년 '코칭포유' 교육을 사내 교육으로 도입한 후 동화세상에

상상코칭

듀코의 업무적 특성과, 사내 문화에 맞추어 업그레이드하여 탄생한 것이 상상코칭 프로그램이다. 코칭의 개념과 스킬을 배우고 인성, 진로, 학습 코칭의 사례를 통해 코칭 원리를 익히는 프로그램이다. 코치로서의 태도와 마음가짐을 알 수 있고, 경청, 질문, 피드백의 방법과 코칭 프로세스를 익혀 코칭대화를 할 수 있다.

6) 피닉스마케팅 세미나

피닉스마케팅 세미나

2010년 개인의 역량 개발 및 창조적 마케팅 아이디어를 배울 수 있는 파워 마케팅 프로그램을 도입하여 진행하다 2012년 11월 22일 피닉스마케팅 세미나 교육으로 업그레이드되었다. 피닉스마케팅 세미나는 브라이언 트레이시가 30년간 현장에서 직접 뛰며 체득한 마케팅 핵심 기법과 전략으로 구성되어 있으며, 최고가 되기를 원하는 마케터들에게 필요한 내적, 외적 법칙과 실전 기술을 습득하는 것을 목표로 한다.

7) 창조프로세스

2014년 동화세상에듀코는 창의력 발현을 위한 실행과 관리 스킬을 통한 창조적 리더 양성의 일환으로 창조프로세스 과정을 개발하고 사내 교육에 도입하였다. 이 교육은 개인, 가정, 조직 등에 적용 가능한 창의력 향상 교육이다. 교육을 통해 창의력과 실천력을 강화할 수 있다.

8) 감사행복나눔 프로그램

감사행복나눔 프로그램

2015년 3월 손욱 회장의 명사초청 강연 이후 사내에 자리 잡은 '감사'문화를 기반으로 감사를 통한 행복한 나, 행복한 가정, 행복한 조직문화 만들기를 목표로 한 '감사행복나눔 프로그램'을 2015년 7월 도입했다. 바인그룹 구성원들은 감사와 나눔을 실천하면서 긍정 에너지를 바탕으로 지속적인 자기 행복증진과 발전의 효과를 얻고 있다.

9) 365자기주도학습코칭

365자기주도학습코칭

2019년 10월, 청소년 학습코칭 전문가로서 역량을 갖추기 위해 365 자기주도학습코칭을 도입했다. 청소년 학습에 가장 기본이 되는 장기적인 학습플랜을 짜고, 이를 바탕으로 코칭을 통해 학생의 목표를 이룰 수 있도록 코치의 역량을 키우는 과정으로 진행되고 있다.

10) 디지털트렌스포메이션

디지털트렌스포메이션

구성원들의 디지털 업무역량을 향상하고, 전문적인 일대일 맞춤형 고객서비스를 제공하기 위해 마련한 교육이다. 2021년 9월 처음으로 선보인 이 교육은 디지털트렌스포메이션에 대한 전반적인 이해를 돕는 내용으로 준비되었으며, 이후 진행된 2, 3기에서는 현장에 초점을 맞춰 디지털 도구들을 활용한 마케팅 방법, 효율적인 조직관리와 고객관리를 위한 여러 가지 방법들을 안내하고 있다.

11) 공부를 공부하다

공부를 공부하다

현장에서 필요한 다양하고 구체적인 학습코칭 스킬을 습득하고 활용하는 기술을 배워 고객에게 효과적인 교육 서비스를 제공할 수 있도록 도와주는 실무 교육과정이다.

12) 부서장을 위한 퀀텀리더십

빠르게 변화하는 시대에 진정한 '나'에 대해 이해하여 자신은 물론 조직관리 역량을 키우고 성과를 내는 팀을 이끄는 디지털 리더 육성 프로그램이다.

이창동 상무가 바인아카데미에서 받은 교육 중에서 인생을 송두리째 바꾼 교육은 피닉스리더십과 세븐헤빗 교육이다. 업무에 실질적으로 도움이 된 교육은 피닉스리더십과 피닉스마케팅이다. 바인그룹은 인재양성을 위해 1999년 피닉스리더십에 이어 2012년 피닉스마케팅을 도입했다. 피닉스마케팅은 브라이언 트레이시가 30

년간 현장에서 직접 뛰며 체득한 마케팅 핵심 기법과 전략을 교육하는 과정이다.

이 상무는 현재 피닉스마케팅 강사로도 활동하고 있다. 처음 피닉스리더십과 피닉스마케팅 교육을 받았을 때, 이해하기 어려운 것이 많았다. 하지만 이 교육을 마치고 나서 가슴에서 뜨거운 무언가가 자신을 이끌어주는 것 같았다. 이후 강사에 도전하였고, 마침내 강사가 되었다. 필자도 여러 기업에서 독서경영을 강의하고 있는데, 다른 이에게 무언가를 교육하려면 끊임없이 공부해야 한다. 피닉스마케팅 강사가 된 그 역시 "업무와 관련된 마케팅을 지속적으로 배울 수 있어서 좋다"고 말한다.

"피닉스마케팅에서 브라이언 트레이시 교수의 의식과 마인드 자존감에 대한 교육은 피해의식이 많고 개인주의자였던 저를 송두리째 바꿔놓았고, 그로 인해 마케팅에서 고객을 대하는 방법과 고객에 대한 의식을 많이 바꿀 수 있었죠. 특히 성취심리는 '무조건 열심히' 한다고 해서 생기는 게 아니라 변화와 노력에 대한 '정확한 대가'임을 깨달았습니다. 강사로 활동하면서도 자신 있게 수강생들을 가르칠 수 있었습니다."

이창동 상무를 변화시킨 또 하나의 프로그램은 세븐헤빗이다. 바인그룹은 2001년 1월부터 세븐헤빗 교육을 도입했는데, 세계적인 베스트셀러 『성공하는 사람들의 7가지 습관』의 저자 스티븐 코비 박사의 '성공을 위한 7가지 법칙'을 교육한다. 이 교육을 통해 시간관리, 생각관리, 의식관리 등을 왜 해야 하는지부터 이해하고, 어떻게 해야 행복한 삶을 살 수 있는지 깨달을 수 있다.

"지금도 꾸준히 피닉스와 세븐헤빗 관련 영상과 음성파일을 들으며 결심을 다지고, 지속적인 성장을 도모하기 위해 학습합니다. 죽기 전까지 피닉스와 세븐헤빗에서 배운 내용을 모두 실천하는 것이 저의 꿈입니다."

그는 매순간이 위기이고 기회라고 생각한다. 다행히, 회사에 마인드를 잡아주는 프로그램과 자존감과 자부심을 향상시키는 프로그램이 체계적으로 마련되어 있기에 큰 힘을 얻고 있다.

"가장 힘들었던 시기는 처음 부서장이 되었을 때입니다. 업무특성상 마케팅을 하고 고객을 유치했으나 교육회사다 보니 선생님이 없으면 수업하기 힘들 수밖에 없는데요. 그 당시에 제가 있는 청주지역에는 선생님이 부족했어요. 수업을 하려는 수요고객이 있었지만 선생님이 부족하니 마케팅을 담당하는 우리 구성원들의 소득과 직결되어서 굉장히 힘들었어요. 그때마다 바인그룹의 좋은 시스템인 멘토제도와 직무컨설팅 시스템을 활용해 선배들에게 조언을 구하고 TFT를 통한 아이디어로 힘든 과정들을 무사히 넘길 수 있었습니다. 우리 바인그룹의 5,000여 명의 모든 구성원은 서로가 서로를 도와주는 시스템을 갖추었습니다. 저를 도와줄 5,000여 명의 구성원이 존재하고, 직무컨설팅을 활용해 그분들의 도움을 받을

수 있으니, 어떠한 고난과 역경이 생겨도 헤쳐 나갈 수 있다는 자신
감이 있습니다."

너의 행복이
나의 행복

이창동 상무는 지금 마케팅 부서
를 이끄는 리더로 활약하고 있지만 처음에는 "'나'가 아니라 '우리'
가 잘되어야 한다"는 회사의 경영철학이 이해되지 않았다. 그러다 보
니 성장이 더디고 자기만의 생각에 갇힌 채 일하는 시절도 있었다.
성장이 더딘 만큼 의기소침해지고 구성원들과 함께 성장하려는 마
음도 부족하다 보니 혼자라는 외로움도 많이 느꼈다. 다행히 '함께'
의 소중함을 깨닫게 되었고, '우리의 성장이 나의 성장'이라는 공동
체의식을 갖게 되었다. 이후 그의 업무와 인생은 180도로 달라졌다.

그는 혼자보다 여럿이 아이디어를 내면 더 좋은 결과를 얻을 수
있고, 혼자 가면 빨리 갈 수 있지만 함께 가면 멀리 갈 수 있다는 것
을 깨닫게 되었다. 너의 행복이 나의 행복임을 깨닫게 되자 리더십
도 기르게 되었다. 그때부터 리더의 역량을 조금씩 갖추게 되었고,
이후 부서장이 되어 구성원들을 성장시키고 싶었다. 구성원들에게
긍정적인 마인드와 의식을 심어주고 함께 성장함으로써 단기간에
실적 1등 부서가 되었다.

그는 구성원들이 자기처럼 리더로서 역량을 발휘하는 모습을 지

켜보며 크나큰 보람을 느낄 수 있었다. 그와 함께 일하던 구성원들이 새로운 리더가 되어 부서장으로 성장하는 사이에 어느덧 청주교육센터는 큰 조직으로 성장할 수 있었다.

"저의 실패 경험을 구성원들과 공유했는데, 청주교육센터 부서장들이 시행착오를 줄이고 저보다 빨리 성장하는 모습들을 지켜보며 가장 큰 보람을 느꼈죠. 앞으로도 지금까지 제가 깨달은 모든 것들을 잘 알려주어 우리 모두가 회사에 공헌하는 부서장과 구성원이 되기를 간절히 바라고 있습니다."

어느 날 그는 새로운 아이디어를 생각하다가 '100프로젝트'에 참여했다. 그가 이끄는 마케팅 부서는 원래는 오프라인마케팅을 주력으로 하고 있던 팀이었다. 그러다 보니 업무제약이 상당히 많았는데 특히, 시간제약이 상당히 따랐다. 그는 이 문제를 개선해 보고 싶었다. 시간제약 없이 특정 지역이 아닌 전국에 있는 고객들을 만날 수 있는 방법은 없을까 고민하게 되었다. 그리하여 온라인마케팅을 개발하게 되었는데, 지금은 바인그룹의 모든 마케팅 부서에서 온라인 전문인재가 온라인으로 마케팅을 하고 있다. 그의 아이디어가 회사 전체에 큰 도움이 된 것이다.

그는 현재 또 다른 프로젝트로 라이브커머스와 메타버스를 활용한 새로운 플랫폼 마케팅을 계획하고, '100프로젝트'에 사업계획서를 제출했다. 이를 현실화하기 위해 센터 부서장들과 TFT를 하고

바인그룹의 사내벤처 '100프로젝트'

있으며, 지금의 온라인마케팅에서 한층 더 진화하고 시대의 흐름에 맞춘 특화된 마케팅으로 바인그룹의 발전에 이바지할 계획이다.

　청주교육센터는 일주일에 한 번 TFT를 통해 서로의 아이디어를 공유한다. 여럿이 함께하면서 아이디어를 더 발전시키고, 피드백을 주고받으며 보다 좋은 방법을 정형화시킨다. 이는 매주 진행하고 있으며, 이 방법을 통해 고객의 학습을 담당하는 코치 구성원들도 자신의 아이디어를 마음껏 내놓으며 함께 성장하고 있다. 이창동 상무는 팀워크를 위해 긍정적인 부서 분위기를 만들려 노력하고, 여러 이벤트도 벌이고 있다. 그리고 무엇보다 구성원들의 마음을 알아주고 격려해 주고 칭찬해 주며 바람직한 방법까지 제시해 주고 있다.

'너의 행복이 나의 행복'이라고 생각할 때 구성원들과 하나가 될 수 있다고 깨달았으므로 그는 진정한 리더다. 구성원들이 믿고 따를 수 있도록 곁에서 도와주고, 특히 리더로서 솔선수범하며 잘되는 모습을 보여줌으로써 구성원들 역시 동기부여가 생기고 함께 성장할 수 있는 것이다.

바인그룹의 또 다른 리더도 '너의 행복이 나의 행복'이라고 생각하며 일하고 있다. e상상코칭부 지원팀 김정훈 이사는 2007년 홈스쿨 교사로 바인그룹과 인연을 맺기 시작해 2009년까지 서울에서 학생들을 가르쳤다. 2009년 10월에 대구지사 홈스쿨 오픈지사장으로 발령받아 일하다가 2019년 4월부터 홈스쿨에서 e상상코칭부로 명칭이 변경된 교사사업부 전체를 총괄하는 책임자로 일하게 되었다.

가장 힘들었던 순간은 대구로 처음 내려갔을 때였다. 대구 지역을 성장시키기까지 수천 번 이상의 시행착오를 겪어야 했다. 결국에는 반복에 반복을 거치면서 회사에 도움이 되고 기여할 수 있는 지역으로 성장시킬 수 있었다.

그가 어려움을 극복할 수 있었던 이유는 동료들과 항상 함께 일했기 때문이었다. 회사 선후배들의 노하우와 진심 어린 격려는 힘든 시간을 견딜 수 있는 자양분이 되어주었다.

e상상코칭은 국내 최초로 개발된 청소년 일대일 진로, 학습, 인성 코칭 프로그램이다.

대구에서 첫 조직을 만들어서 시작할 때는 수입도 적었고, 어려움이 많았지만 시간이 지나면서 연봉도 올라가고 성취감도 올라갔다. 팀원들과 공동의 목표를 세우고 이루었을 때 무엇보다 일하는 기쁨이 컸다. 회사의 해외연수를 통해 여러 나라들을 방문하고 경험하면서 그는 깨달았다. 자신이 이제까지 목표를 모르고 있었노라고. 목표가 생긴 그는 그것을 이루고자 구성원들과 함께했고, 함께할수록 더 좋은 수확을 할 수 있었다. 이렇게 일하고 있는 그는 지금도 보람을 느끼고 있다.

그는 팀원뿐만 아니라 전국의 청소년들과도 함께하기 위해 일하고 있다. 앞으로 이들이 이 나라의 구성원으로써 성장해 가면서 성적뿐만 아니라 인성까지 향상할 수 있도록 힘쓰고 있다. 이는 바인그룹의 핵심가치인 '인재양성'을 실천하는 것이다. 바인그룹은 우리 사회에 선한 영향력을 끼는 인재를 양성하기 위해 회사 구성원들에게 교육 지원을 아끼지 않고 있는데, 이렇게 교육받은 구성원들이 학생과 학부모 등 고객에게 양질의 교육을 제공하므로 바람직한 선순환을 이루고 있는 것이다.

대니얼 코일의 『최고의 팀은 무엇이 다른가』는 협업이 어떻게 성과로 이어지는지를 잘 말해 주고 있다. 최고의 팀들이 가진 공통점은, 최고의 능력자들이 모인 것이 아니었다. 실제로 구성원 개개인의 능력은 제각각이었고, 뛰어난 개인의 퍼포먼스도 중요하게 작용하지 않았다. 대신, 최고의 팀들에는 특별한 분위기가 감돌았는데, 이들을 인터뷰한 이 책의 저자가 '직업을 바꿔서라도 그들과 일해 보고 싶다'고 생각할 정도였다. 실제로 바인그룹은 함께 일하는 구성원들이 끈끈한 팀워크를 이루고 있다.

필자는 이 책을 집필하는 과정에서 바인그룹의 구성원들과 오랜 시간 인터뷰했는데, 그들과 대화하다 보니 어느새 나도 바인그룹에서 일하고 싶다는 생각이 들곤 했다. 그들의 긍정 에너지와 따뜻한 열정은 빛나는 눈빛에 묻어나고 그 느낌은 오롯이 나에게 전해졌다.

조직의 문화는 결코 우연 또는 운으로 생기지는 않는다. 효율적으로 협업하고 좋은 결과를 만들어내는 방법은 따로 있다. 최고의 팀들이 공유하는 특별한 문화 코드를 대니얼 코일은 다음의 3가지 키워드로 정리했다.

■ 첫 번째 키워드는 '소속감'이다. 매슬로가 욕구 이론에서 소개했듯이, 소속감은 인간의 행동을 좌우하는 강력한 동기 중 하나다. NBA의 농구 팀 샌안토니오 스퍼스의 감독은 훈련만큼이나 많은 시간을 선수들과 잡담이나 식사를 함께하는 데 할애한다. 그의 목적은 단 하나, 선수들에게 '우리는 서로 이어져 있고, 이 팀은 너의 성장과 행복을 보장해 주는 곳이다'라는 소속감을 심어주는 것이다. 팀의 문제를 자신의 문제로 생각하게 된 선수들이 더 적극적이고 안정적인 플레이를 보여준 건 당연한 결과였다.

■ 두 번째 키워드는 '취약성'이다. 추락할 뻔한 유나이티드항공 232편을 살린 것은 기장의 한마디에서 비롯됐다. "더 좋은 의견 있어요?" 대니얼 코일은 리더를 비롯한 모든 팀원들이 '혼자서는 해낼 수 없다'라는 한계를 인정하고 이를 세련된 방식으로 드러낼 때, 협업의 엔진이 돌아간다고 강조한다.

■ 마지막 키워드는 '방향성'과 '이야기'다. 1982년에 미국 시카고에서 존슨앤드존슨의 타이레놀을 먹고 사망한 사건이 있었다. 그러자 존슨앤드존슨은 '아워 크리도Our Credo'라는 사훈에 따라 미국 전역에 있는 타이레놀을 수거해 모두 폐기했다. 당시 수거한 타

이레놀은 무려 1억 달러어치였다. 존슨앤드존슨은 막대한 경제적 타격을 입었지만 신뢰도가 더욱 커지게 되어 큰 이익을 얻게 되었다. 신뢰를 협업으로, 나아가 눈에 보이는 성과로 만들어내는 최종 단계는 바로 사람들을 하나의 목표로 이끄는 공동의 이정표를 세우는 일이다.

코치, 학생, 학부모, 모두를 성장시키는 코칭

바인그룹의 동화세상에듀코 코치들을 인터뷰해 보면 대부분 학생들의 무한한 성장가능성을 발견한다고 한다. 코치들은 학생을 만날 때마다 중요하게 여기는 목표가 있다. 학생의 성장가능성을 발견하고, 학생 스스로 목표에 대해 고민하고 탐색하도록 하며, 그리고 실행하도록 하는 것이다. 학생 개개인은 모두 서로 다르고 유심히 관찰해 보면 자기만의 장점과 무한한 성장가능성을 가지고 있다. 이렇게 관찰한 것들을 학생에게 진솔하게 이야기해 주고, 학생 스스로 자신이 어떤 존재인지, 어떤 장점과 성장가능성을 가지고 있는지 생각해 볼 시간을 갖도록 코칭하고 있다.

인공지능과 경쟁해야 하는 4차산업혁명 시대에 우리 아이들에게는 스스로 생각하는 힘이 무엇보다 필요하다. 우리나라는 예부터 자원이 부족했기에 공부에 목숨 거는 경향이 있었다. 좋은 대학을 나와야 보다 윤택한 삶을 살 수 있다는 생각이 우리 사회를 지배해 왔다. 지금도 SKY에 들어가기 위해 억지로 공부하는 아이들이 많다. 하지만 스스로 공부하도록 이끄는 자기주도학습이 무엇보다 필요하다. 자기주도가 아닌 강요에 의해 공부하는 아이들은 시간이 갈수록 공부에 대한 열정이 사라진다. 초등학생 때 『수학의 정석』 문제를 풀고 영재 소리를 듣던 아이들이 정작 중요한 고3이 되어서는 공부하느라 지쳐서 수포자가 되는 경우도 많은데, 이 역시 자기주도학습을 하지 못했기 때문이다. 대치동에서 초등수학 영재학원으로 입소문 난 매쓰몽의 원장들은 『수학 진짜 잘하는 아이는 읽고 씁니다』라는 책에서 이 같은 교육 현실에 대해 다음과 같이 말하고 있다.

"선행학습에 내몰린 아이들은 한참 성장해야 할 나이에 밤잠까지 줄여가면서 사교육을 받고 있는데, 자의가 아니라 타의에 의해 공부하는 게 가장 큰 문제지요. 자기주도적으로 공부하지 못하는 아이들은 우리에게 '스스로 공부하는 법을 잘 모르겠다'거나 '공부를 왜 해야 하는지 모르겠다'고 하소연할 때가 많아요."

자기주도학습의 좋은 예는 유대인에게서 찾을 수 있다. 오늘날 지구촌에 살고 있는 유대인은 전 세계 인구의 0.2%에도 못 미치는 1천 3백만 명이다. 그런데 역대 노벨상 수상자의 약 25%가 유대인이다. 그리고 국가별로 가장 많은 노벨상 수상자를 배출한 국가는 미국인데, 미국 노벨상 수상자의 절반 이상이 바로 유대인이다.

지금 이 시간에도 한국의 학생들은 아이비리그에 입성하기 위해 열을 올리고 있지만 하버드대학교를 가장 많이 입학하는 사람은 한국인 학생이 아니라 유대인 학생이다. 하버드 학생 중 한국인 학생의 비율은 1%가 약간 넘는 수준이고, 하버드 졸업생 중 30% 이상은 유대인이다. 뿐만 아니라 하버드대학교와 더불어 아이비리그의 양대 명문으로 알려진 예일대학교의 경우에도 전체 학생 중 25% 이상이 유대인이다. 아울러 코넬대학교와 프린스턴대학교, 컬럼비아대학교 등 모든 아이비리그 학교들에는 유대인이 주인공으로 자리 잡고 있다.

그렇다면 왜 밤낮을 가리지 않고 공부하는 한국인보다 유대인이 아이비리그를 지배하게 된 걸까? 유대인 아이들은 어느 정도 나이가 되면 아버지와 함께 토라와 『탈무드』를 공부하게 되는데, 『탈무드』를 통해 어려서부터 자신만의 방식으로 답을 탐구하는 습관을 기른다. 질문과 토론이 생활화된 유대인 아이들은 학교에서든 집에서든 누구나 질문을 할 수 있다. 질문은 사고의 폭을 넓히는 좋은 도구이다. 유대인의 속담 중에는 '한 번 길을 못 찾는 것보다 열 번 길을 묻는 편이 더 낫다'는 말이 있다. 유대인 가정에서는 부모와 아이들이 거리낌 없이 의견을 나눈다. 부모는 아이가 하는 말을 귀담아듣고, 아이들은 궁금한 것이 있으면 부모에게 스스럼없이 질문한다.

하지만 부모는 아이에게 정답을 대답해 주지는 않는다. 답을 구하는 데 도움이 되는 말을 건넬 뿐이지, 아이 스스로 답을 구하도록 이끄는 것이다. 상호소통적인 학습 환경에서 자라난 아이들은 무언가를 할 때 자신감을 갖고 스스로 선택하고 결정한다. 그리고 자신이 내린 결정에 책임감을 갖게 된다. 어릴 때부터 자연스레 자립심과 책임감 등을 기르는 것이다.

이렇게 기른 자기주도학습 습관을 바탕으로 유대인은 오늘날 다양한 분야에서 두각을 나타내고 있다. 우리가 익히 아는 만유인력을 밝힌 뉴턴과 상대성 이론을 발표한 아인슈타인 등의 과학자, 『자본론』을 발표한 경제학자 칼 마르크스와 앨런 그린스펀과 골드만 삭스 등의 금융인, 마이클 델, 하워드 슐츠, 마크 주커버그 등의 기업인, 정신분석학을 개척한 프로이트와 언어학자 노암 촘스키, 에리히 프롬, 프란츠 카프카, 더스틴 호프만, 스티븐 스필버그 등 세상을 움직이는 사람들이 모두 유대인이다.

이처럼 억지로 하는 공부가 아니라 스스로 공부하려 하는 것이 중요한데, 바인그룹의 코치들은 학생 스스로 자기주도학습을 할 수 있도록 이끈다. 학생을 처음 만났을 때부터 현재의 상황까지 변화된 학생의 긍정적인 점들을 학생과 학부모님과 항상 진솔하게 대화 나눈다. 대화를 통해 더 나은 긍정적인 결과를 만들기 위해 좀 더 노력할 점들이 있는지 모색한다. 코치, 학생, 학부모가 함께 고민

2017년 대한민국소비자대상 시상식에서 상상코칭은 올해의 최고 브랜드 부문을 수상했다.

해 보며 대화를 나누는데, 이 과정을 코치들은 매우 중요하게 생각한다.

코칭을 받은 학생들의 대부분은 상상코칭을 만나고 가장 많이 변한 것은 꾸준함과 성실함이 생긴 것이라고 한다. 사람들은 누구나 잘하고 싶어 하지만, 그 열정과 끈기가 생각보다 오래가지 않는다. 일례로 한때 영어를 정복하겠다는 열정으로 정말 열심히 했지만, 그 열정과 끈기가 그리 오래가지 않았다는 학생이 있었다. 이 학생은 코치 선생님을 만나면서 하루에 적은 양이라도 빠짐없이 매일매일 공부하게 되었다. 코치 선생님의 체계적인 시간관리와 꼼꼼하고 확실한 코칭 수업을 경험하고는, 성적이 오를 것 같다는 자신감이 생기면서 스스로 목표를 세우고, 그 목표를 향해 꾸준히 자기주도적으로 공부하는 습관을 기를 수 있었다.

아이들의 눈빛에서 에너지를 얻다

아이를 낳아 키워 본 부모라면 누구라도 느낄 것이다. 아이의 눈빛을 바라보면 힘들고 피곤했던 몸과 마음이 눈 녹듯 사라진다. 바인그룹의 코치들 대부분은 아이들과 함께 웃으며 이야기를 나누는 것이 좋아서 일을 시작했다고 한다. 교과수업 코칭 이외에도 아이들의 공부습관 코칭을 하고자 '상상코칭 공부9도' 코칭도 한다. 코치들은 '상상코칭 공부9도'를 통해 아이들과 만나면서 코칭에 대해 더 깊게 배우고자 하는 마음도 생긴다. 아이들을 가르치는 코치들 스스로 꾸준히 자기계발을 하는 것이다. 그리고 이는 고객을 위한 양질의 교육 서비스를 제공하게 된다.

바인그룹에는 초중고 학생들을 대상으로 하는 '학습 코칭'뿐만 아니라 청·장년층의 행복한 삶을 돕는 '라이프 코칭'을 공부하고 있는 코치들도 있다. 자신이 배우고 체득한 것으로 고객의 변화를 이끌어내는 것, 그것이 코치로서 누리는 가장 큰 보람이라고 한다.

코치들은 회원을 만나면 개개인에게 적합한 방식으로 코칭과 수

코치들은 회원을 만나면 개개인에게 적합한 방식으로 코칭과 수업을 하려 한다.

업을 하려 한다. 학생은 모두 저마다 특징과 성향을 가지고 있으며, 그러한 성향을 이해해 주고 공감해 주며, 맞춤형 코칭으로 지도해 줄 선생님을 만나고자 상상코칭을 찾기 때문이다.

코치들은 학생과 소통하고 신뢰를 쌓기 위해, 학생들의 허락 없이 학부모에게 학생에 관한 이야기를 하지 않는다. 어른들이 생각하기에 대수롭지 않은 것들이 예민한 사춘기의 학생들에게는 굉장히 중요할 수 있기 때문이다. 이렇게 학생과 학부모와 신뢰를 쌓고 밝은 미소와 웃음 그리고 진심 어린 인사로 되돌아올 때 코치로서 행복과 보람을 느낀다. 그리고 "선생님과 만나는 지금 이 시간이 저는 가장 좋아요"라고 하거나 "선생님한테만 말하는 건데요"라는 말을 학생에게 들을 때, 수능시험을 마친 아이들이 마지막 인사를 하며 "감사합니다!"라고 말할 때, 그리고 어머니들이 "선생님 덕분에 방향을 찾았어요"라거나 "우리 아이가 선생님을 만나서 참 다행이에요"라고 말할 때, '코치라는 직업을 선택하길 잘했구나' 싶어서 하루의 피로도 바람에 날리는 먼지처럼 흩어진다. 아이들의 눈빛이 코치들에게는 에너지가 되는 것이다.

그들은 "'티칭Teaching'은 지금 당장 시험 성적을 올리게 하지만, '코칭Coaching'은 미래를 위해 스스로 할 수 있게 한다"라는 말을 고객에게 전한다. 코치로서 당장의 시험 성적에 목숨을 거는 대신 미래에 스스로 나아갈 수 있는 원동력을 키워주어야 아이들이 자신의 꿈을 향해 성장할 수 있다고 확신하고 있다.

코치 운영에 따른 전산시스템을 구축하다

1997년에 시작한 홈스쿨 사업이 조금씩 자리 잡고 회원이 늘어남에 따라 그에 맞는 전산시스템을 구축했다. 에디코 초기에 관리의 중요성을 깨달았기에 비용이 들더라도 전산시스템을 구축해야만 더 큰 발전을 이룰 수 있을 것 같아서 이를 실행했다. 전산시스템은 회원관리는 물론 코치들이 활동하는 데도 도움이 되었다. 또한 구성원들끼리 업무 연락 등이 원활하도록 종합적으로 이루어졌다.

1997년에 발표된 제7차 교육과정은 21세기의 세계화, 정보화 시

1999년에 파워잉글리시(Power English)를 출간했다.

대를 주도하며 살아갈 자율적이고 창의적인 한국인을 육성하기 위해 2000년대부터 단계적으로 적용되었다. 제7차 교육과정에 대비한 교육시스템을 개발했다. 전문코치가 방문해 한 번에 30분에서 1시간의 교육으로 학습효과를 월등히 높일 수 있도록 하는 홈스쿨의 특성상 새 교육과정은 환영할 만한 일이었다. 바뀌는 교육과정에 맞춰 콘텐츠를 조정하고 보완했다. 개개인의 수준에 맞는 개인별 지도를 위한 콘텐츠를 다양하게 준비하고 자율성과 창의성을 신장하여 학습효과를 높일 수 있게 운영하도록 했다.

1999년에 파워잉글리시Power English를 출간하여 회원들에게 보급함은 물론 전화를 통한 영어 교육에 활용하도록 했다. 교재를 단계별, 수준별로 구성하여 초보자도 쉽게 따라할 수 있게 했다. 전화

수업을 통해 초중고생과 대학생, 직장인, 주부 등이 자기 수준에 맞는 수업을 할 수 있어서 학생들은 학원에 왕복하는 시간을 절약할 수 있었으며, 늦은 밤에도 수업이 가능했다.

같은 해에 다양한 놀이와 리듬을 통해 영어를 재미있게 배울 수 있는 솔솔 유아 영어도 출간했다. 플래시카드와 카세트테이프, 워크북, 스티커 등으로 교재를 구성하여, 유아가 지루해 하지 않고 적극적으로 학습에 참여할 수 있도록 했다.

아이들의 전신반응을 유도하는 유아용 솔솔영어 JUMP는 듣기, 말하기와 노래, 율동, 놀이를 통해 단어와 문장을 익히도록 했다. 솔솔 중학영어 시리즈는 문법 위주의 단순 암기식 학습과 평가에서 벗어나 의사소통 능력과 문제 해결 능력을 향상시킬 수 있도록 했다.

03

◆◆◆

길을 잃었다면
학습이 부족하다는 증거다

리더라면 눈앞에 놓인 길보다 먼 길을 내다봐야 한다. e상상코칭부 김현정 상무는 바인그룹 최초의 여성 상무다. 그녀는 10년 후 비전을 생각하며 다음과 같은 8가지 키워드를 정했다. 그것들은 '디지털, 영어, 코칭, 리더십, 경영, 현장, 매뉴얼, 글로벌'이다. 이 8가지는 그녀가 지속적으로 키우고 싶은 역량들이다. 그녀는 바인그룹과 함께한 내내 수많은 최초 타이틀에 도전해 왔고, 그것을 이루는 것을 명예로, 선배로서의 책임감으로 생각했다.

사회생활을 하다 보면 일이 뜻대로 되지 않을 때도 있고, 컨디션이 안 좋을 때도 있다. 원인을 찾아보면 늘 둘 중 하나 때문인 것 같다. 목표를 잊었거나 학습이 부족하기 때문이다. 그녀는 항상 내가 원하는 삶, 내가 원하는 내 모습, 원하는 결과목표를 명확히 하기 위해 공부를 하는 편이다. 자신을 믿고 오랜 시간 함께 일하는 팀원들에 대한 의리와 책임감이 언제나 큰 동기부여가 된다. 그녀는 20년이 넘도록 매주 진행하고 있는 '리더십교육, 명사초청강연, 창조코칭포럼' 등에 참여한다.

또한 동료들과 함께하는 계절마다의 행사에도 참석한다. 해외연수와 이벤트에 참여해 일하면서 겪는 스트레스와 개인적인 어려움들까지 많이 해소되었다. 교육회사의 특성상 여성들이 많은데, 결혼과 출산 그리고 육아를 병행하면서도 오래도록 멋진 리더로 일할 수 있는 것은, 회사의 자율적이고 탄력적인 업무환경과 문화, 동료들의 배려 덕분이었다.

김현정 상무가 바인그룹과 첫 인연을 맺은 것은 1998년 1월 5일 24살 때였다. 대학교 졸업을 앞두고 에디코를 만났다. 그 후 24년이 지나 2022년 현재 25년차가 되었다. 한 회사에 이렇게 오래 다닐 수 있었던 이유는 오랜 기간만큼이나 여러 이유들이 있지만 팀원 시절부터 밝고 긍정적인 회사 문화를 느꼈기 때문이다.

"창의적이고 끼가 넘치는 젊은 동료들과의 즐거운 행사, '도대체 저 자신감은 어디서 나오는 걸까' 하는 호기심이 생길 정도로 회사의 성공을 확신하는 창업 멤버들, '구성원은 생명이다', '우리 회사의 핵심가치는 인재양성입니다'라고 말하는 회사, 일한 만큼 인정과 보상을 받을 수 있는 다양한 시스템, 성장할 수 있는 다양한 교육의 기회가 있기 때문에 오래도록 바인그룹 가족이 될 수 있었어요."

김현정 상무는 바인그룹에서 조직관리, 코칭, 멘토링, 학원운영, 사내외 강의 등을 맡고 있다. 초중고 학생들을 일대일로 방문 또는 온라인으로 티칭, 코칭하는 코치들을 관리하고 있고, 여러 곳에서 와와학습코칭학원을 운영하고 있다. 와와학습코칭학원은 서울시 와와삼각산점, 남양주시 와와인창점과 호평점, 인천시 와와부평점과 삼산점, 이렇게 다섯 곳을 운영하고 있다. 그리고 e상상코칭부와 학원사업부 부서장들의 솔루션 멘토, 지역케어 멘토로 전국을 다니며 교육과 멘토링을 하고 있다. 바인아카데미 피닉스리더십 세미나의 교수로 사내외에서 강의도 하고 있다.

"회사와 10년을 동행하면 회사에서 공로패와 부상으로 황금열쇠를 줍니다. 지난날들을 되돌아보니 시간이 아깝지 않습니다. 정말 많이 성장했고, 열심히 살았고, 현장에서 그리고 회사에서 많은 인정과 사랑을 받았다는 확신이 듭니다."

그녀는 이제 25년 가까이 바인그룹과 동행하고 있다. 현재 많은 선후배 동료들이 20대에 처음 만나서 30대, 40대를 같은 회사에서

와와학습코칭센터는 2020 퍼스트브랜드대상 자기주도학습 1위에 선정되었다.

보낸 사람들이라 모였다 하면 서로 정신없이 옛 이야기들을 쏟아내느라 늘 시간이 부족하다고 한다.

회사는 내가 선택하지만 상사는 운명적으로 만난다

김현정 상무는 조직관리는 사람을 키우는 일과 관련되므로 일에 대한 자부심이 크다고 말한다. 현장의 고객들에게, 자신감을 되찾은 팀원들에게, 멘토링을 통해 새로운 변화의 계기를 만들어낸 후배들에게 감사하다는 진심 어린 피드백을 받을 때가 가장 행복하다.

"회사는 내가 선택하지만 상사는 운명적으로 만납니다!"

'운명적으로 만난 직장상사가 존재 코칭, 라이프 코칭이 가능한 전문코치라면 그 예상치 못한 행운에 기쁘지 않을까?' 이런 행복한 상상으로 후배들을 위해 코칭 공부도 시작하게 되었다. 무엇보다 후배들에게 선택에 대한 확신과 비전을 심어주는 선배가 되고 싶었다. 바인그룹의 시작과 성장 과정을 미래의 후배들에게 전달하고, 바인그룹 최초로 최고 성과를 내면서 보람을 느꼈기에 여성 최초로 상무가 될 수 있었다. 팀이 부서 최초로 매출 5,000타임 기록을 달성했을 때 그녀는 회사 사보의 표지모델이 되었다. 그때는 너무 쑥스러워 피하고 싶었지만 지금 생각하니 기억에 남는 특별한 시간이었다.

20대부터 지금까지 오랫동안 한 회사와 함께할 수 있었던 가장 큰 이유는 바인그룹의 교육 시스템 때문이다. 바인아카데미의 교육 프로그램들은 지속적으로 학습하고 성장할 수 있는 충분한 기회가 되었다. 바인아카데미 교육으로 구성원들은 학습과 자기개발에 열을 올리게 되었다. 웬만한 열정이 아니면 사내교육을 모두 소화해 내기 어려운데, 모든 교육을 자발적으로, 누구보다 빠르고 진지하게 들었다. 바인아카데미의 모든 교육은 개인적인 삶과 업무에 큰 도움이 되었다.

"그중에서 20대 후반에 만난 브라이언 트레이시의 피닉스리더십 세미나가 제 삶과 일의 성과에 가장 많은 영향을 주었고, 현재도 여전히 진행 중입니다."

피닉스리더십 세미나는 부정적인 감정을 없애고 억제된 감정을 푸는 것부터 시작된다. 명확하고 구체적인 목표를 세우고 달성하는 방법, 자아의 개념을 새롭게 발견하고 마음의 다이어트를 하며, 시간관리, 성공적인 인격개발까지 할 수 있다. 실용적으로 큰 도움이 되고 좋은 습관을 기르도록 한다. 회사를 통해 처음 접하고 난 뒤로 여러 번 반복해서 같은 과정에 참여했고, 회사의 지원으로 강사 양성과정까지 이수할 수 있었다. 그리고 피닉스리더십 세미나 사내 강사가 되어 교육을 진행하고 있다. 피닉스리더십 세미나의 성공사례가 되는 게 그녀의 목표다.

회사는 길을 열어주고
기회를 주는 곳

바인그룹의 연중행사로는 체육대회, 별밤축제, 연수, 등산, 출정식, 송년회 등이 있는데, 모든 행사가 그녀에게는 늘 기대 이상으로 즐겁고 재미있었다. 행사들을 통해 회사에 대한 자부심과 소속감 등을 키울 수 있었다. 팀원들과 회사 행사들에 함께 참여하면서 많은 추억들을 공유할 수 있었다. 그중에서 일 년에 두 번 해외연수의 기회가 있는데, 2000년부터 해마다 전 세계 수십 개국을 팀원들과 함께 여행할 수 있었다. 원하는 구성원은 가족들도 동행할 수 있다. 덕분에 6살짜리 딸과 동유럽과 프랑스 여행, 7살짜리 딸 그리고 친정엄마와 동남아 크루즈 여행, 아들딸과 함께 호주 해외연수도 할 수 있었다.

매년 어머니를 모시고 오는 팀원들도 꽤 있어서 부서 전체에서 해외연수가 인기다. 처음에는 일 잘하는 구성원이 누릴 수 있는 명예로 인식했는데, 어느 순간부터는 여행 그 자체를 즐기면서 충전과 힐링의 시간을 보내게 되었다. 물론 회사에 대한 감사와 자부심도 느낄 수 있었다. 팀원들과 함께하는 여행이 가족 또는 친구들과의 여행보다 즐거울 수 있다는 새로운 사실도 알게 되었다.

해외연수는 팀원들에게 희망하는 나라를 설문을 받아 회사가 최종결정한다. 덕분에 구성원들은 가고 싶은 나라와 장소를 많이 가볼 수도 있다. 그렇기 때문에 해외연수 중에 다음에 가고 싶은 여행지에 대해 자주 대화를 나눈다. 미국동부 해외연수 때 미국지사를 직접 방문해 현지에서 일하는 원어민 교사들과 함께한 파티도 너무 좋았다.

김현정 상무가 팀원들과 함께 해외연수를 한 곳들은 다음과 같다.

●바인그룹 e상상코칭부 역대 해외연수 장소

2000년 **태국** 방콕/파타야

2001년 **중국** 하이난

2002년 **태국2** 방콕/파타야

2003년 사이판

2004년 싱가폴

2005년 베트남

2006년 서유럽 프랑스/스위스/이탈리아

2007년 터키, 홍콩

2008년 동유럽 독일/오스트리아/체코/헝가리/폴란드

2009년 스위스/프랑스 파리

2010년 미국 동부 뉴욕/워싱턴/델라웨어/캐나다 나이아가라폭포

2011년 동남아 크루즈 싱가포르/태국/말레이시아

2012년 한중일 크루즈 제주도/상해/오사카

2013년 스페인, 팔라완

2014년 캐나다, 카오락

2015년 영국, 세부

2016년 호주, 다낭

2017년 그리스, 보라카이

2018년 미국 서부, 괌

2019년 남프랑스, 나트랑

2020년 코로나로 시상금으로 지급

2021년 코로나로 시상금으로 지급

이처럼 바인그룹 구성원들은 자유로운 분위기에서 동료들과 소

2017년 그리스 해외연수

통하고, 고성과자들의 업무 노하우를 공유하는 조직문화를 가지고 있다. 코로나 기간에도 일대일 혹은 일대 다수 직무컨설팅을 통해 일을 배울 수 있는 회사 시스템 덕분에 업무 노하우를 문제없이 공유할 수 있었다.

김현정 상무는 회사가 주최하는 봉사활동, 여성 마라톤대회, 코치대회 등 다양한 행사에 팀원들과 자주 참여한다. 이외에도 팀 내의 크고 작은 이벤트, 연수원 워크숍 등을 통해 업무 외적으로 좋은 관계를 맺고 있다. 자연스럽게 서로에 대한 호감과 믿음을 쌓여서 공동의 목표에 집중하는 것이 가능하고, 팀워크가 좋기에 좋은 성과를 유지할 수 있었다.

그런데 구성원에게 동기부여가 되는 것 중에 돈을 무시할 수는 없다. 사마천이 『사기』에서 "돈이 나보다 열 배 부자면 빈정대고, 백 배 부자면 그를 두려워하고, 천 배 부자면 그에게 고용당하며, 만 배 부자면 그의 노예가 된다"고 했듯이, 돈의 힘은 강하다.

일례로 삼성전자 이건희 회장은 인센티브의 신봉자다. 그는 인센티브가 조직활성화와 개인의 창의력 발휘에 크게 기여한다고 믿었다. 삼성의 인센티브 제도는 성과를 내는 구성원들에게는 돈으로 보상하고, 퇴직으로 유도할 때는 불평이 없도록 섭섭지 않게 돈으로 보상해 준다. 마찬가지로 셀트리온도 '비상식적일 만큼 보상한다'는 경영원칙을 갖고 있다.

바인그룹 역시 일 잘하는 구성원에게 해외여행도 시켜주고, 현금 시상금도 지원해 주니, 일할 맛이 날 수밖에 없다.

e상상코칭,
꿈을 향해 더 높이 날다

와와코칭센터 학원사업부 박은영 이사는 일한 햇수보다 해외연수를 더 많이 다녀왔다. 눈으로 보고 가슴으로 느끼는 소중한 시간이었다. 가족과 함께한 모든 순간들이 잊지 못할 추억이 되었다. 회사의 배려로 가족들도 동행할 수 있었는데, 아들과는 7세 때부터 고2 때까지 함께 여행했다. 일과 육아, 살림을 균형 있게 유지할 수 있었고, 전 세계의 다양한 문화를 마음껏 경험할 수 있었다.

그녀가 조직관리자로 일하고 있는 학원사업부는 전국에 163개 직영학원와와학습코칭센터, 더블유플러스학원을 운영하고 있으며, 내년에 30개 학원을 새로 개원할 계획이다.

와와학습코칭센터는 아이들의 자신감과 실력을 키우는 행복한 공간이다. 아이가 공부의 주인공이 되어 자신의 꿈을 키우고 가꾸어 가는 곳이다. 와와학습코칭센터 선생님들은 코치라 불리는 코칭 전문가들로 구성되어 있다. 코치는 아이의 강점에 집중하고 잠재력을 찾아내 아이 스스로 에너지를 공부에 쓸 수 있도록 도와준다. 아이들의 학습 속도와 이해력은 저마다 다르기 때문에 일대일로 맞춰진 교육시스템은 아이의 자신감을 상승시킨다.

처음에 코치는 공부 방향을 설정하여 계획을 세우는 방법을 알려주고, 아이가 계획을 세우면 발전적인 피드백을 해주면서 격려해준다. 또 새로운 학습 진도를 나가면 아이의 부족한 부분을 보충해주고, 아이 스스로 공부할 양을 분배하여 목표량을 해낼 수 있도록 도와준다.

1998년 10월에 바인그룹과 첫 인연을 맺은 박은영 이사는 2022년 현재 25년차다. 이처럼 오랫동안 한 회사와 동행한 이유는 무엇보다 회사의 성장 가능성과 회사를 이끄는 리더에 대한 확신이 컸기 때문이다.

성과를 냈을 때도 물론 기뻤지만 자신을 비롯해 함께 일하는 사람들이 성장했을 때 더 큰 성취감을 느꼈다. 박은영 이사는 "바인그룹에서 다양한 교육을 통해 의식이 성장하고 가족들과 주변에 조금씩 좋은 영향력을 끼칠 수 있어서 감사하다"고 말한다. 그녀는 "구성원들이 능력과 성품을 두루 갖춘 균형 있는 리더로 성장하는 모습들을 볼 때 특히 보람이 크다"고 한다. 그녀는 바인그룹이 길을 열어주고 기회를 주는 회사임을 확신한다.

꿈이 있는 사람은 행복하다. 꿈은 우리를 행복하게 하는 에너지다. 상상코칭은 꿈을 향해 더 높이 날아오를 수 있도록 코칭하는 것이다. 오늘날의 공부는 너무나도 성적 위주다. 이는 아이들의 올바른 성장을 가로막는다. 상상코칭은 아이들이 꿈을 실현시킬 수 있도록 로드맵을 잘 그려주고, 아이들로 하여금 잠재력을 끌어낼 수 있도록 해준다. 요즘 아이들에게 꿈을 물어보면, 그것이 자신의 진짜 꿈인지 아니면 그저 관심사인지 헷갈려 하는 경우가 많다. 상상코칭은 이러한 것들을 바로잡고 진정한 꿈을 발견할 수 있도록 해준다.

상상코칭은 주입식 교육이 아니라 아이가 진정 이루고 싶어 하는 꿈을 꾸게 하고 방향을 찾게 하는 동시에 자연스럽게 동기를 부여해 성적 향상까지 이루는 코칭의 효과를 티칭에 더한 신개념 교육 솔루션이다. 학생의 적성과 흥미에 맞는 목표 설정을 위한 진로코칭, 학생별 맞춤 학습법을 찾아보는 과목별 학습코칭, 습관 형성과

e상상코칭은 2022년 현재 배우 신애라를 모델로 TV 광고를 진행하고 있다.

갈등관리를 위한 인성코칭으로 관리되기 때문에 초등학생부터 고등학생까지 폭넓게 적용 가능하다. 바인그룹은 국내 교육업계 최초로 청소년 온라인 교육을 위해 일대일 라이브코칭 'e상상코칭'을 개발했다.

바인그룹은 초장기에 티칭 중심의 사업을 코칭 중심으로 바꾸는 데 온 힘을 기울였다. 티칭은 바인그룹이 성장해 온 분야였고 안정적인 사업모델이었으나 변화가 필요하다는 위기의식을 가졌다. 이후 국내 최초로 코칭 홈스쿨, 코칭 학습지 개념을 도입해 성공을 거뒀다.

"코칭 전문가 존 휘트모어의 말을 인용하면 코칭은 '과거의 실수가 아니라 앞으로의 가능성에 주목하는 것'입니다. 현재 교육시장에서 티칭을 하는 회사는 많지만 코칭을 하는 회사는 드물죠. 코칭은 개인이 가진 내면의 잠재력을 꺼내주는 역할을 합니다. 가정이나 학교에서 아이들에게 터치할 수 없는 부분이 있는데, 코칭을 통해 방향성과 꿈을 심어주는 것이죠. 주입식으로 가르치고 감독하는 것이 아니라 꿈과 비전을 찾아 인생을 설계하고 완성하는 데 도움을 줍니다."

최근에는 인재를 채용할 때 스펙보다 인성을 눈여겨보는 기업이 늘고 있다. 좋은 인성을 갖춘 창의적인 인재를 선호하기 때문이다.

"시대는 창의적인 인재를 요구합니다. 과거 지식정보화 시대에서 기업은 '정보를 모으는 사람'을 원했지만 지금은 '정보를 융합하고 활용하는 인재'를 원합니다. 현재 학생들에게 무엇보다 필요한 것은 자기주도성을 갖고 자신의 삶을 창의적으로 이끌어 나가는 능력입니다. 이것이 코칭 프로그램이 필요한 이유랍니다."

한동안 코로나19 여파로 교육계에 비상이 걸렸다. 감염 우려로 새 학년 개학은 연기되고, 학원은 문을 닫았으며, 학부모들은 대면으로 이뤄지는 개인 교습을 꺼리게 되었다. 비대면으로 진행 가능한 학습 형태에 대한 학부모 요구가 높아지면서, 온라인과 모바일을 기반으로 한 인터넷 강의 및 애플리케이션 등 새로운 학습 콘텐츠가 인기를 끌고 있다.

그러나 온라인 및 모바일 기반 학습 콘텐츠는 학생의 의지력이나 집중도가 떨어져 학습효과가 효율적이지 않다는 단점이 있다. 특히 유아와 초등학생을 대상으로 스마트 기기를 활용한 교육 서비스는 많지만, 정작 학원에 많이 의존했던 중고등학생들을 위한 교육 서비스는 찾아보기 힘들었다.

이러한 인터넷 강의의 단점을 보완한 중고등학생 대상 일대일 맞춤 화상코칭 콘텐츠인 'e상상코칭'이 코로나19 시대에 더욱 주목받고 있다. e상상코칭은 코칭교육 전문기업 동화세상에듀코에서 2004년부터 제공하는 실시간 화상교육 콘텐츠다. e상상코칭은 녹화된 강의를 재생하는 것이 아니라 실시간으로 코치와 학생이 소통하는 시스템이다.

일대일 코칭으로 학생은 자기주도적 학습 능력을 키울 수 있다. 코치가 시킨 대로 숙제를 하고 공부를 하는 것이 아니라 코치와 함께 공부할 양을 조절하면서 부족한 점을 스스로 채울 수 있다. 단순히 코치가 내준 과제를 하는 공부가 아니라, 수업 내용을 복습하고 정리하는 공부가 가능하다. 점차 공부에 대한 두려움과 스트레스가 줄게 되고, 자연스럽게 수업에 대한 재미도 느끼게 되는 것이다.

코로나19로 불규칙적인 학교생활과 학원생활을 하다 보면 계획을 미루고 생활 습관이 흐트러지기 쉽다. 하지만 e상상코칭을 이용해 화상 수업으로 코치 선생님들과 함께 체계적으로 공부할 수 있다. 이러한 흐트러지지 않는 공부 습관 덕에 꾸준히 그리고 성실히 공부할 수 있는 것이다.

이처럼 e상상코칭은 일방적인 인터넷 강의와 달리 맞춤식 라이브 수업이 가능한 것이 강점이다. 박은영 이사는 "유튜브 및 개인 크리에이터 방송이 활발한 요즘, 영상으로 실시간 소통하는 방식은 청소년들에게 친숙하게 다가갈 수 있다"고 설명했다.

e상상코칭은 코칭교육 전문기업 동화세상에듀코의 코칭 학습을 접목하여, 학생과 코치의 수평적인 대화를 통해 자기주도학습, 올바른 목표 설정 등 학습 습관을 관리한다. 이는 GROW 코칭 프로세스로 질문과 대답을 하는 과정에서 '목표Goal·현실Reality·대안Option·의지Will'를 단계별로 끌어내는 방식이다. 모든 코치는 이를 기반으로 한 청소년 학습 코칭 전문자격TLC3급을 취득해야 수업할 수 있다. 학습은 물론이거니와 진로를 연계한 공부, 올바른 가치관까지 기를 수 있는 전문가들의 교육 서비스를 만날 수 있다.

04

◆◆◆

강점 중심의 소통은
놀라운 힘을 발휘한다

어떤 조직이든 강해지기 위해서는 강한 팀워크를 이뤄야 한다. 하지만 그것은 말처럼 쉽지 않다. 조직 내에는 서로 다른 개성을 지닌 구성원들이 있게 마련이고, 이들을 하나로 만드는 것은 결코 쉽지 않다. 그렇다면 강한 팀워크를 형성하기 위해서는 어떻게 해야 할까? 모든 구성원들이 서로를 신뢰해야 할 것이다.

제2차 세계대전 당시에 아이젠하워는 서유럽 연합군의 총사령관을 맡았다. 그는 미군을 비롯해 영국군과 프랑스군 등 여러 나라의 군대를 하나의 팀으로 만들어야 했다. 당시에 미군에는 패튼 장군,

아이젠하워

영국군에는 몽고메리 장군이 있었는데, 이 둘의 성격은 물과 기름처럼 서로 달라서 팀워크를 이루기 힘들었다. 패튼은 항상 과감한 공격을 주장했고, 몽고메리는 방어전 위주로 적군의 힘을 소진시키는 것을 선호했다. 패튼과 몽고메리는 사사건건 충돌하기 일쑤였고, 서로를 신뢰하지 않았다.

결과적으로 아이젠하워는 연합군을 하나로 만들었다. 그는 어떤 사람이라도 자신의 팬으로 만들 정도로 대인관계가 좋았고, 대립하는 두 집단을 조정하는 데도 능했다. 그가 얼마나 상대의 마음을 잘 사로잡았는지는 그를 만난 한 여성이 남긴 말을 통해 알 수 있다.

"맥아더를 만났을 때 나는 그가 얼마나 대단한 장군인지 알게 됐어요. 하지만 아이젠하워를 만나자 내가 얼마나 매력 있고 사랑스러운 여자인지 알게 됐지요."

아이젠하워는 서로 불신했던 패튼과 몽고메리를 한 팀으로 만들었고, 한 팀이 된 그들은 상호신뢰를 바탕으로 노르망디 상륙작전에 성공할 수 있었다. 몽고메리는 노르망디 상륙작전에서 상륙군 사령관을 맡아 작전을 성공시켰고, 패튼의 3군이 진격하는 동안 독일군의 주력을 붙잡아두는 데 성공했다. 결국 두 지휘관의 활약으로 연합군은 노르망디 상륙작전 이후에 예상보다 적은 희생으로 파리를 탈환하는 데 성공했다.

인간은
감정이 통해야 행복하다

서로에 대한 불신을 신뢰로 바꾸기 위해서는 무엇보다 소통하는 힘이 필요하다. 사람은 생각과 마음, 감정이 통하는 소통이 잘되어야 행복해진다. 일에 행복을 느끼는 사람들은 성과도 좋다.

바인그룹의 쏠루트공교육지원사업부 임자현 팀장은 소통의 달인이라고 할 만큼 따뜻한 마음을 갖고 있다. 그녀는 제주에서 올라온 섬사람이다. 동화세상에듀코에서 코치로 일하기 시작하면서 다양한 리더십을 배웠다. 주요 업무 외에도 바인아카데미 강사로 활동하다가 기업과 학교에 출강하는 일을 시작하면서 교육개발과 강사

2015년 청소년 피닉스 리더십 캠프. 피닉스 리더십 캠프는 훗날 쏠루트공교육지원사업부의 콘텐츠로 발전했다.

양성과정을 오랫동안 맡아 진행해 왔다. 현재는 교육용역사업을 개발, 기획 및 진행하는 사업의 총괄 책임자로 일하고 있다. 그녀는 자신이 자기주도적이고 자기계발을 좋아하며, 약간의 다혈질의 기질을 갖고 있는 덜 성숙된 사람이라고 스스로 겸손해 한다.

"팀워크는 신뢰에서부터 생긴다고 생각합니다. 그래서 저는 강점 중심의 소통을 하려고 노력합니다. 구성원들은 모두 각자의 강점을 갖고 있고, 그 강점이 잘 드러나고 연결될 때 일의 성과가 난다는 것을 경험을 통해 알고 있기 때문입니다."

그녀는 팀원들에게 칭찬을 자주 하는 편이다.

"팀원들에게 칭찬을 할 때 '어떻게 그런 생각과 선택을 할 수 있었어? 대단하다!'라고 말하면, '부장님도 그렇게 하시잖아요'라는 답변을 들을 때가 있습니다. 강점 중심의 소통은 구성원들로 하여금 잘할 수 있는 것을 더 잘하게 합니다. 부족한 것을 스스로 인식하여 개선하게 하며, 방향을 맞추어 나아가기 위한 작업을 스스로 하게 하고 서로 신뢰하게 되는 놀라운 힘이 발휘되는 것 같습니다. 또한 일에 대한 칭찬보다는 사람에 대한 칭찬을 더 공들여 하는 편입니다. 예를 들면, '백 팀장 어머니는 어떤 분이셔? 어떻게 하셨기에 이런 지혜롭고 예쁜 딸로 키우셨을까?'라며 그 사람의 존재에 대한 칭찬을 위주로 하는 편입니다. 물론 일에 대한 개선이 필요하다면 구체적으로 가능한 방법 위주로 대화하는 것도 하나의 노하우입니다."

리더십을 이야기할 때 자주 비교되는 역사 인물은 항우와 유방이다. 항우는 힘과 폭정으로 군사를 이끌어 사람을 잃었지만 유방은 정이 넘쳤기에 장량과 한신 등 뛰어난 인재들을 끌어들여 중국을 통일했다.

이와 비슷한 예를 박항서 감독에게서 찾을 수도 있다. 이수광의 『파파 리더십』에 의하면, 아시아는커녕 동남아시아에서도 인정받지 못할 만큼 약체였던 베트남 축구대표팀은 박항서 감독이 사령탑을 맡으면서부터 자신감이 살아났고, 강한 전사로 거듭났다. 베트남 축구대표팀은 스즈키컵에서 우승하고 월드컵 최종예선에 진출하는 등 기적을 연출했다.

이런 기적은 박항서 감독의 리더십 덕분에 가능했다. 어느 날 그는 부상당한 선수에게 자신의 비즈니스석을 양보했다. 또 숙소에서 선수들의 발을 직접 마사지해 주었다. 박항서 감독은 훈련이 끝날 때마다 선수들을 일일이 포옹해 주고 얼굴을 어루만지는 등 애정을 표현해 준다. 선수들과 식구처럼 지내며 생일파티도 해준다. 이러한 그의 모습에서 선수들은 아버지의 정을 느끼고 그를 '파파'라고 부르며 따랐다. 이처럼 신뢰를 쌓게 되자 박항서 감독은 우리는 하나, 원 팀을 강조하면서 훈련 때나 경기 때나 "우리가 한 팀이라는 걸 증명해라!"라고 말했다. 그는 선수들에게 '파이팅' 대신에 '원 팀'을 외치게 한다. 모든 조직은 리더를 비롯해 모든 구성원이 하나로 뭉칠 때 더 큰 힘을 발휘하기 때문이다.

그런 점에서 볼 때 임자현 팀장이 팀원들을 대하는 방식은 바람직하다. 팀원들과 친밀함을 형성하는 대화법을 구사하기 때문이다.

임자현 팀장은 1998년 8월에 바인그룹과 인연을 맺기 시작해 2019년 5월까지 동화세상에듀코, 지금의 e상상코칭 부서에서 일했다. 2019년 6월 지금의 쏠루트법인으로 발령받아 일하고 있는 25년차 바인그룹인이다. 그녀는 25년간 바인그룹과 동행하며 많은 것을 얻을 수 있어 좋았다고 말한다. 자신의 비용과 시간을 들여서는 엄두도 내기 힘든 많은 것들을 바인그룹에서 누리고 경험했다.

그리고 그 경험들은 조금씩 조금씩 자신을 성장시켰고, 더 큰 세상과 가치를 꿈꾸게 했다.

바인그룹에서 일하면서 특별히 어려운 점은 없었다. 20대 초반에 바인그룹을 만나 브라이언 트레이시와 스티븐 코비의 강의 테이프를 오전에 듣고, 구성원들과 자기계발에 대해 이야기 나누는 신입시절을 보내기도 했다.

"동화세상에듀코에서 갑자기 계열사로 발령을 받고 21년간 하던 일과 전혀 다른 분야의 일을 하면서, 일 년 동안 밤잠을 설치고 변화된 환경에 적응하느라 고생한 적도 있었죠. 회사와 함께한 년차는 고참인데 일에 대한 지식은 신입과 같아서 헤매고 잠 못 드는 시간들이 많았죠. 하지만 고민하는 시간이 있었던 만큼 이내 새로운 업무에 적응할 수 있었죠."

임자현 팀장은 동화세상에듀코에서 열정적으로 일했다. 신규상품이 나오면 누구보다 먼저 상품을 판매해 보았고, 그 덕분에 출시된 상품에 대한 정보를 누구보다 먼저 상세히 파악할 수 있었다. 장점은 물론 단점에 대한 대안까지도 먼저 파악하여 성과를 낼 수 있었다. 덕분에 회사에서 구성원의 동기부여를 위해 제공하는 국내외 연수를 해마다 누리며 회사생활을 했다.

해외연수 말고도 KTX가 처음 생길 때 강릉으로 여행 가서 썬크루즈 호텔에 묵은 일, 금강산 여행이 가능해질 때 매년 제주도로 연수 가던 것을 금강산 연수로 돌려 진행했던 것 등 회사에서 누렸던 여러 경험들이 동기부여가 되어 좋은 성과를 거둘 수 있었다.

한번은 개인적인 시간과 비용을 투자하여 수강까지 한 교육이 있다. 바로 '크리스토퍼리더십코스'라는 과정이었는데 비영리를 목적으로 하다 보니 강사들은 본업이 따로 있고 봉사하듯 활동하고 있었다. 그녀는 수료 막바지쯤 강사로 활동해 보라는 제안을 받았고, 회사의 허락 덕분에 외부에서 강사 활동을 할 수 있었다.

명함만 내밀면 누구나 아는 회사로 만들고 싶다

어느 날 팀장이 된 그녀는 리더십센터로부터 "캐나다로 연수를 가면 좋겠다"는 제안을 받았다. 하지만 15일이라는 시간을 떠나야 하기에 회사 업무에 공백이 생기고 차질이 불가피하여 많이 망설이고 고민했다. 그러던 중에 회사의 배려로 마음 편히 캐나다 연수를 마칠 수 있었고, 회사에 대한 고마움을 느낄 수 있었다.

"그곳에 오신 분들은 한국에서도 캐나다에서도 모두 알 만한 큰 기업에 다니시고, 좋은 직업을 가지신 분들이었어요. 그런데 저는 제 명함을 꺼내서 인사하면서 좀 쑥스러웠죠. 저한테는 너무 좋은 회사인데 다른 사람에게 우리 회사를 딱히 뭐라고 설명하기 어려운 거였어요. 여하튼 짧은 영어 실력으로 굉장히 길게 설명했던 기억이

바인그룹 본사 앞에 설치된 '코칭 人' 설명 문구

납니다. 그 경험으로 우리 회사도 명함만 내밀면 누구나 아는 그런 회사로 만들고 싶다는 강한 신념을 품게 되었습니다. 그 뒤로 본사의 신입을 교육하는 담당자로 있으면서 깨달은 바가 있죠. 회사 이야기만 나오면 나처럼 입에 거품 물고 이야기하는 사람이 많아지는 것이, 명함만 내밀면 누구나 아는 회사가 되는 가장 빠른 길이 될 거라고 생각한 거죠. 이런 생각으로 신입들과 소통했던 기억이 아직도 생생합니다."

그녀는 교육의 힘이 얼마나 큰지 항상 느끼고 있다.

"바인아카데미 교육 중 어느 것 하나 도움되지 않은 프로그램은 없었습니다. 받은 교육들이 업무와 직결되지 않는 경우, 바로 적용하지는 못했지만 끊임없이 교육을 접하다 보니 어느 순간 가랑비에

옷 젖듯 사는 방식과 태도에 대한 올바른 가치관이 쌓여 지금의 제가 있게 되었죠. 또한 매사 긍정적이고 적극적인 것은 물론 감사일기를 쓰고, 학습을 즐겁게 여기며 끊임없이 성장해 나갈 수 있었죠. 역량이 길러진 것도 아마 바인아카데미 덕분이지 않을까 싶습니다."

　현재 그녀가 소속되어 있는 쏠루트법인은 바인그룹의 사내벤처인 '100프로젝트'를 통해 만들어졌다. 그녀가 현장 코치들을 관리하던 국장 시절에 공교육 출강과 관련된 100프로젝트가 기획되었다. 바인아카데미의 강사로 활동하다 보니 강의를 위해 다양한 교육콘텐츠를 개발하고 구체화시키고, 또 강사양성과정을 준비하는 업무에도 참여하게 되었고, 본업이 아닌 일이지만 업무시간 외에도 시간을 투자하여 몰입했다. 강의안을 만들고 강사를 훈련시키고 출강하다 보니 어느새 쏠루트공교육지원사업부의 총괄책임자가 되었다.

　학교에서 강의하다 보니 새로운 100프로젝트를 또 기획하게 되었다. 바인아카데미를 통해 쌓은 리더십 분야와 코칭 분야를 학교에서 강의하다 보니 청소년부터 성인까지 리더십과정이 필요하다고 느꼈고, 외부 콘텐츠가 아니라 바인그룹만의 콘텐츠를 잘 만들어보고 싶었다. 뜻있는 몇몇 국장들과 앞뒤 가리지 않고 개발에 몰두했다.

　평일에는 각자의 업무를 하면서 개발에 필요한 개인학습을 하고,

주말에는 함께 모여 토론하고 점검하며 계획하기를 1년여 진행했다. 완성된 프로그램을 검증하기 위해 프로그램을 수정해 나가면서 '액션스피치리더십코스'를 완성하였다. 지금은 어엿한 바인아카데미 교육으로 자리 잡았고, 교육평가 1위도 받았다. 이 프로그램은 중고등학교와 대학교 그리고 평생교육기관 등에서 강의할 수 있게 되었다. 이외에도 성취심리 청소년 과정개발에도 참여하여 완성했다.

바인인재사관학교를 꿈꾸다

임자현 팀장은 과거에도 지금도 바인인재사관학교를 꿈꾸며 준비하고 있다. 바인인재사관학교는 대학교육에 이르기까지의 삶의 방향을 설정하고, 비전과 목표를 키우며 훈련해 나아가는 명품인재를 양성하는 기관이다.

"바인그룹은 성장의 기회가 열려 있는 곳입니다. 잘하는 인재를 뽑아 회사를 위해 쓰지 않고, 회사와 함께 성장할 수 있는 인재를 뽑아 다양한 방법으로 개개인의 잠재력을 성장시켜 자신의 역량을 뛰어넘는 기회를 만들어주는 회사입니다. 바인그룹의 구성원이 되면 학습의 기회를 무한 제공받고, 생각을 현실로 만드는 기회를 얻을 수 있습니다. 24년간 바인그룹에서 행복한 구성원으로 일할 수 있었던 가장 큰 이유는 구성원 한 명 한 명에 대한 회사의 열정과 애정 그리고 리더십 때문이었으며, 회사 덕분에 저는 청소년의 행복한 성장과 성공을 지원한다고 느끼면서 매일매일 자신을 성장시키고 에너지를 얻고 있습니다."

이처럼 회사에 대한 만족도가 높은 그녀는 한 번은 회사 동기들과 이런 이야기를 나누었다.

"3년차에 회사 근처에서 동기들과 술을 한잔하다가 '회사가 어려워지면 언제까지 버틸 수 있어?'라는 누군가의 물음에 '난 1년은 월급 안 받고 버틸 수 있어'라고 대답하며 우리 회사가 너무 좋다고 떠들던 시절이 생각납니다."

그녀는 회사를 통해 '개인이 성장하는 만큼 타인에게 줄 수 있는 것이 늘어난다'는 것을 배우게 되었는데, 이는 리더로서 반드시 갖춰야 할 마인드다. 특히 청소년과 현장에서 자주 만나다 보니 그들에게 제공하는 교육과 행사를 적어도 무언가를 얻어갈 수 있는 장으로 만들겠다고 다짐하며 사업을 진행하고 있다. 또 사내에서 선한 영향력을 주는 리더가 되기 위해 평소에 하는 말과 행동에 대해 깊이 생각하려고 노력하고 있다. 이외에도 부족함을 채우기 위해 책을 읽고 학습하는 시간도 꾸준히 갖고 있다.

05

바인그룹은
성장의 기회가 열린 곳

　　　　　　　　　　'습관이 사람을 만든다'는 말이
있다. 성공하는 사람들의 7가지 습관과 관련된 교육인 세븐헤빗은
바인그룹 유학사업단 오지선 팀장에게 인생의 선물 같은 교육이었
다. 그녀는 이 교육을 통해 어떤 선택과 결정을 할 때 "멈추고 생각
하고 실행하게 되어 정말 큰 도움이 되었다"고 말한다.

　오지선 팀장은 중고등 유학, 대학 이상 유학, 어학연수 등을 국내
외 파트너들과 진행하고 있다. 2013년 6월에 바인그룹에서 처음 일
을 시작해 2022년 현재 10년차이다.

　유학 업무를 25년 넘게 해온 그녀는 코로나와 같은 상황은 처음
겪어보는지라 뭐든 할 수 있는 것을 찾아야 되는데, 마음대로 안 되

2019년 쏠루트 유학사업단 캐나다 캠프

어서 눈앞이 캄캄했다. 그래도 회사는 그녀를 기다려주었고, 뭐든 할 수 있도록 지원해 주었다.

그녀는 바인그룹 교육 계열사인 쏠루트법인 소속으로 유학, 캠프 등 해외 교육과 관련된 상품을 관리 및 운영하고 있다. 미국, 캐나다, 뉴질랜드, 영국, 중국 등 여러 국가의 교육기관과 파트너가 되어 유학이 필요한 학생에게 안내하고 있다. 오랫동안 유학과 관련된 일을 해오면서 쌓은 경험을 바탕으로, 안전성이 검증되고 가성비도 좋은 상품을 구성하여 진행하고 있다. 상품 세팅부터 홍보, 상담, 등록, 유학업무 진행, 출국 후 관리 등을 모두 맡고 있다.

다른 회사에서 경력도 많이 쌓았지만 처음 동화세상에듀코에 입사했을 때에는 이해되지 못한 업무도 있었다. 하지만 회사에서 구성원들과 교육을 받으면서 차츰 문제를 개선해 나갔고, 회사에 대한 애정도 기를 수 있었다. 다양한 교육을 회사에서 무상으로 제공해 주니, 회사에 대한 애정이 자연히 커졌다.

나에게 맞는 일을
탁월하게 해낼 때 행복하다

"제가 청소년들의 진로와 관련된 일을 하다 보니 늘 조심스럽고, 늘 확인이 필요한데요. 가장 보람된 순간은 아무래도 제가 유학을 보낸 학생들이 좋은 성과를 냈을 때입니다. 한국에 있을 때는 학교에서 존재감이 없던 평범했던 아이가 미국 고등학교 유학을 통해 성장하고 스스로 길을 찾아 좋은 대학에 입학하는 것을 지켜보며 보람을 느꼈죠. 캐나다로 유학 가서 처음에는 영어가 안 되어 매일 울고, 우울증까지 걸렸던 학생이 졸업할 때는 학업 성적이 뛰어나 상을 여러 개 받고, 캐나다 국립대학에 합격했는데요. 제 아이가 합격한 것처럼 가슴 뿌듯하고 부자가 된 기분이 들었죠. 한국에서 원래 잘했던 학생들이 유학을 통해 더 잘되는 것을 보는 것도 너무 좋지만, 평범했던 아이들이 유학이라는 기회를 통해 '내가 알던 내가 아닌 다른 내가 되는' 것을 지켜보면서 보람과 기적을 느꼈습니다."

오지선 팀장은 46세의 늦은 나이에 동화세상에듀코에 유학부서가 신설되면서 바인그룹과 인연을 맺기 시작했다. 구성원들을 위해 좋은 교육을 무상으로 제공하는 것이 이전 회사와 비교되어 신선한 충격을 받았다.

쏠루트 유학사업단은 독립적으로 움직이고 있다. 현장사업부를 관리하는 관리부서에서 일정이나 필요한 것들을 공유해 주어, 그에 맞게 준비하고 홍보할 수 있다. 오지선 팀장은 누구와도 좋은 관계를 유지하는 편이다. 관리부서에서 자료를 요청해 올 때는 시간을 잘 지키고, 그들이 필요로 하는 것을 최대한 지원한다. 기왕이면 다른 팀에 좋은 영향을 주는 사람이 되고 싶어서, 좋은 협력자가 되려고 노력하고 있다.

오랫동안 유학 관련 일을 해온 그녀는 앞으로 바인그룹의 글로벌 학교를 세계 여러 곳에 세우려는 거대한 꿈을 가지고 있다. 이 사업을 실현해 글로벌 리더들을 키우고 싶은 것이다. 단순히 돈을 벌기 위한 글로벌 학교가 아니라 바인그룹이 추구하는 '인재양성'의 가치를 살려 평범한 학생들을 글로벌 리더로 성장시키는 학교를 만들고 싶어 한다.

오지선 팀장도 그렇지만 바인그룹의 구성원들은 업무에 대한 탁월성이 뛰어나다. 자신의 능력을 최대한으로 발휘한 후에 성취감을 느끼고, 그 성취감을 함께 일하는 동료는 물론 고객들과도 함께 느끼며 날마다 성장해 나간다. 그럼으로써 일에 대한 사랑과 행복을 배가한다.

자신을 사랑해야
일도 사랑한다

자신이 하는 일을 사랑하기 위해서는 우선 자신을 사랑해야 한다. 자기애, 스스로를 아끼고 사랑할 때 주변사람들도 사랑할 수 있고, 자신이 하는 일도 사랑할 수 있다. 우리는 사랑할 때 비로소 행복해진다. 일 역시 사랑할 때 행복해진다.

조지 베일런트는 행복은 사랑을 통해 온다고 했다. 사랑이 없으면 삶도 일도 무미건조해지고 불행해지기 때문이다. 이와 관련된 사례를 톨스토이의 소설 『안나 카레니나』에서 찾을 수 있다.

안나는 왜 그렇게 비극적인 죽음을 택했을까? 페테르부르크에서 고위 관리의 아내로, 한 아이의 어머니로 행복하게 살던 아름다운 여인 안나는 모스크바에서 브론스키 백작을 만나고 이내 그에게 사로잡힌다. 둘은 뜨겁게 연애하고, 아낌없이 사랑하는데, 안나 카레니나는 그 아름다운 사랑의 끝을 처참한 자살로 마감한다. 안나가 화물기차에 뛰어들어 자살을 택했던 이유는 단 한 가지였다. 바로 '성장하지 않는 사랑' 때문이었다.

성장하는 않는 사랑은 집착이며, 이 집착은 싫증으로, 싫증은 무관심으로, 무관심은 자살로 이어진다. 톨스토이는 주인공 안나와 브론스키를 통해 '성장하지 않는 사랑'을, 레빈과 키티를 통해 '성장하는 사랑'을 대비시켰다.

브론스키를 처음 만날 때 안나의 세계는 새로운 빛을 발한다. 불꽃같은 사랑에 빠졌기 때문이다. 두 사람은 뜨겁고 깊게 사랑했지만, 그 사랑은 오래가지 않았다. 바로 '성장'이 빠져 있기 때문이다. 성장하지 않는 사랑은 비극임을 소설은 잘 보여준다.

바인그룹은 성장의 기회가 열려 있는 곳이다. 잘하는 인재를 뽑아 회사를 위해 쓰려 하지 않고, 회사와 함께 성장할 수 있는 인재를 뽑아 다양한 방법으로 개개인의 잠재력을 성장시키기 때문이다. 바인그룹은 자신의 역량을 뛰어넘을 수 있는 기회를 제공하는 회사다. 구성원은 학습의 기회를 무한 제공받고, 생각을 현실로 만드는 기회를 누구나 부여받는다. 바인그룹에서 일하며 고객들의 행복한 성장과 성공을 지원하면서 일에 보람을 느끼는 구성원들은, 날마다 자기 자신은 물론 함께 일하는 구성원 그리고 고객들까지 성장시키고 있다.

06

◆◆◆

처음이자 마지막 직장
바인그룹

'대한민국 청소년들의 건강한 성장을 돕는다'는 가치를 추구하는 바인그룹의 동화세상에듀코 부산센터 이해경 이사는, 바인그룹을 첫 직장이자 마지막 직장이라고 생각한다. 2000년 12월, 대학교 졸업을 앞둔 4학년 때 바인그룹의 신설동 구사옥, 영업부서에서 일하기 시작했다. 2009년 7월 부산센터가 생기면서 책임자로 발령을 받고 2022년 현재까지 부산에서 일하고 있다.

사회 초년생으로서 영업 업무를 시작했는데, 처음에는 업무에 대한 부담이 커서 어려움도 따랐다. 내성적인 성격에다 부탁이나 거절을 잘 못하는 편이라서 이를 극복하는 데 꽤 오랜 시간이 필요했다.

다른 사람들은 별 어려움 없이 잘 해내는 듯한데 자기만 못하는 것 같아서 좌절도 했지만 왠지 모르게 오기도 생기고 자존심도 상하고 해서 1년만 열심히 해보자고 마음먹었다. 다행히 영업 업무를 함께하는 동료들은 서로를 격려해 주었는데, 동료들의 존재가 큰 힘이 되었다. 그리고 회사에서 보내주는 격려와 용기의 메시지가 가장 큰 힘이 되었다.

부산센터의 책임자로 발령받았을 때 인생의 많은 변화가 있었다. 부산에 내려오자 인생의 비전과 목표, 삶의 가치 등이 새롭고 구체적으로 정립되었다. 그래서 이해경 이사는 부산이 "감사와 기회의 땅"이라고 한다. 현재 부산센터 센터장으로 부산 지역 마케팅부서와 유아초등 관리코치교사방문/화상 조직을 관리하고 있다. 인재육성을 위한 리크루팅부터 신입육성 리더를 육성하는 일, 최고매니저급으로 성장시키는 일을 하고 있다.

꿈과 목표도 없고, 실력도 없고 마음의 그릇도 작던 사회초년 시기에는 모든 것이 힘들고 버거웠다. '내가 가장 힘들고 나만 어려운가?'라는 생각이 절로 들었던 시절이었다. 구성원들과의 인간관계도 힘들고, 목표와 비전도 없어서 모든 것이 버겁고 힘들었는데, 이 시기는 사회초년부터 3년가량 계속되었다. 원래 허리가 좋지 않은데, 주로 현장을 돌아다니는 일을 하는 아들을 부모님이 걱정하실까 봐 자신이 영업 일을 한다고 자신 있게 말씀드리지 못했다. 하지만 지금은 영업의 경력이 큰 자산이 되었다.

부모님이 써주신 붓글씨를
가슴에 새기다

'덕분입니다.'

'감사합니다.'

'제가 하겠습니다.'

'제 책임입니다.'

'제 실수입니다.'

이 말은 이해경 이사의 부모님이 사회 초년생으로 서울에 올라가는 아들에게 붓글씨로 써준 5가지 글귀다. 그는 이 글귀들을 가슴에 새기고 지금까지 살아가고 있다. 어느덧 일에 익숙해지고 인정도 받으면서 힘든 점들이 점점 없어지고, 결혼도 하고 첫아이가 생기니, 모든 것이 잘되는 것 같았다.

그즈음 동화세상에듀코는 전국에 센터를 확장해 나가고 있었다. 그 시기에 부산센터 책임자로 일할 기회가 왔다. 그때는 심적으로 안정되었고, 모든 삶의 터전이 서울에 있었다. 부산은 여행도 가본 적도 없고 한 번도 생각해 본 적이 없었다. 하지만 제안을 받은 순간 왠지 모르는 두려움과 설렘이 가슴속에 생겼다. 가족과 상의한 끝에 아내와 돌 지난 아들을 서울에 남겨두고 혼자 부산에서 자취 생활을 시작했다. 부산에 내려와서는 날마다 아침 일찍 기도하고,

사무실 문을 가장 먼저 열고, 늦은 밤이면 하루를 마감하며 문을 잠그고 나오는 것이 일상이 되었다. 본사에 있을 때와는 전혀 다른 일상이 시작되었다.

책임자의 위치에서 매출과 성과를 올려야 했기에 중압감과 부담감이 따랐고, 리더로서 그릇이 부족해서 날마다 치열한 전쟁을 치러야 했다. 하지만 인생에서 가장 열심히 살았고, 목표를 향해 열정을 쏟아 부었다. 열정만큼 매출이 오르고 팀원들도 많이 늘면서 인정받기 시작했다.

하지만 알게 모르게 위기가 찾아오고 있었다. 리더로서의 그릇이 작았기 때문이었다. 강압적인 조직운영과 자만심으로 조직분위기는 조금씩 삭막해지고 있었다. 이것이 성과로 나타나기 시작하면서, 결국 구성원의 90%가 떠나게 되었다. 믿었던 구성원들이 이직하자 배신감이 밀려왔고, 회사의 기대를 저버렸다고 생각해 자신에 대한 실망감도 커졌다. 이 시기에도 자신의 부족함을 인정하지 못하고, 떠난 팀원들을 탓하며 자포자기하면서 6개월여를 보냈다.

너무나도 감사하게도 그에게는 지혜롭고 은인 같은 아내가 있었다. 크리스천인 아내는 매일 새벽기도를 했고, 남편에 대한 믿음과 신뢰가 컸는데, 덕분에 큰 힘이 되었다. 바로 그때 회사의 바인아카데미 코칭 교육을 접하게 되었는데, 비로소 자신을 돌아보게 되었

제2020-0911호

가족친화인증서

기 업 명 : 주식회사 동화세상에듀코
소 재 지 : 서울특별시 동대문구 왕산로 25 (신설동) 동화세상에듀코빌딩
유효기간 : 2020.12.01~2023.11.30

　위 기업은 「가족친화 사회환경의 조성 촉진에 관한 법률」 제15조
제1항에 따라 우수한 가족친화경영 운영체제를 구축하고
가족친화제도를 운영함으로써 근로자의 일·생활 균형을
지원하고 국가경쟁력 향상에 기여하였기에 가족친화기업
으로 인증합니다.

2020년 12월 1일

여성가족부장관

2020년 12월 동화세상에듀코는 여성가족부로부터 가족친화인증서를 받았다.

다. 경청과 질문을 통해 변화와 성장을 도모하는 이 교육은 그를 변화시키고 성장시켰다. 이후로 조직을 운영하고 구성원들을 대하는 마음과 태도가 눈에 띄게 달라지게 되었다.

"현장 세일즈 업무를 시작한 지 얼마 안 되었을 때입니다. 수많은 영업사원들이 수없이 방문해서, 우리 회사라면 거절부터 했던 고객에게 성실하고 끈질기게 상담을 하고 계약체결까지 진행했습니다. 그 경험으로 저는 큰 성취감을 느꼈죠. 나도 할 수 있다는 자신감 그리고 끝까지 포기하지 않으면 반드시 좋은 결실을 맺는다는 확신을 갖게 되었습니다. 신입 시절에는 부모님께 떳떳하지 못했지만 이사에 오르고 부모님께 이사 임명장을 들고 갔습니다. 너무나도 좋아하시고 자랑스러워하시는 부모님을 뵈며 기분이 참 좋았습니다."

매년 바인그룹은 10년 이상 함께한 구성원들의 부모님에게 귀한 난초 화분을 보내드린다. 구성원들의 부모님에게 "자랑스러운 아들로 만들어주셔서 감사드립니다"라는 인사말과 함께 말이다. 매년 진행되는 해외연수에 이해경 이사는 자녀들을 데려온다. 자녀들은 바인그룹 구성원들을 삼촌, 이모처럼 잘 따른다. 그래서 아들들에게 조금은 자랑스러운 아빠가 될 수 있고, 아이들과 해외여행의 추억을 함께 간직할 수 있으므로 아빠로서 보람을 느낀다.

최근에는 새로 바인그룹과 인연을 맺은 코치들이 즐겁게 일하고 있는 것을 지켜보느라 행복하다. 코치들로부터 "대한민국 청소년의 건강한 성장을 위해 매일 공부하고 학습하며 성장하느라 바인그룹에서 일하는 것이 즐겁고 행복하다"는 말을 들을 때 성취감이 더욱 커진다.

성공과 행복을 명확히 깨닫게 한 피닉스리더십

바인그룹의 구성원으로 일하기 시작하면서 피닉스리더십을 처음 접한 이해경 이사는 지금도 이 교육이 가장 인상 깊다고 말한다. 성공과 행복의 개념을 명확하게 정의해 주고, 삶에서 실천할 수 있는 방법을 알려주어서 신선한 충격을 받았기 때문이다. '성공은 해가 동쪽에서 떠서 서쪽으로 지는 자연의 법칙처럼 명확한 자연의 법칙'이라는 말을 듣고, 그는 할 수 있다는 희망과 용기를 얻게 되었다.

'목표가 없는 이는 목표 있는 이의 평생 종신 노동형에 처해야 한다'는 자극적이면서 동기부여가 되는 글귀, '세상이 나의 행복과 성공을 위해 음모를 꾸미고 있다'는 '역피해의식', '시간은 빨리 가지만 사랑이 깃든 일은 영원하다'는 글귀들이 지금도 그에게 크나큰 울림을 남기고 있다. 현재 피닉스리더십의 사내강사로도 활동하는 그는 자신이 경험한 성공사례를 구성원들과 공유하고 있어서 너무나 행복하다고 말한다.

그는 구성원들과 아이디어를 공유하며 바인그룹의 사내벤처

별밤축제

'100프로젝트'에 사업 제안도 하고 있다. 구성원들과 소통하며 회사의 사내벤처에 참여할 수도 있으므로, 마치 회사의 주인이 된 듯해서 기분이 좋아진다.

부산은 본사와 떨어져 있다 보니 체육대회, 별밤축제 등 회사행사 때 새벽같이 출발해야 하는데, 이때 서울로 가는 길이 마냥 설레기만 하다. 본사를 자주 가지 못했던 부산의 구성원들과 본사 행사에 갈 때면, 마치 결혼해서 친정에 자식들을 데리고 아주 잘 살고 있다고 자랑하러 가는 기분이 들기도 한다. 왠지 모르는 뿌듯함이 밀려오고, 본사에 부산 구성원들을 자랑하고 싶기 때문이다. 가는 데만 5시간 넘게 걸리는 거리지만 행복한 추억을 쌓느라 피곤함도 모르고 다녀올 수 있었다고 한다. 행사에 다녀오면 한 달 동안 즐거운 추억을 구성원들과 함께 나누느라 행복하기만 하다.

매일 오고 싶은
부산센터를 만들고 싶다

부산에서 처음 업무를 시작할 때 '매일 오고 싶은 부산센터'라는 슬로건을 명함에 새겨 넣었다. 일요일 저녁이 되면 구성원들이 빨리 센터에 가고 싶다는 생각이 들게 만드는 일터를 만드는 게 목표였다. 하지만 그것이 결코 쉽지 않다는 것을 알고 있었다. 대부분의 직장인들은 일요일 저녁이 되면 마치 다음 날 입대하는 장정과도 같은 기분이 들기 때문이다.

그럼에도 불구하고 매일 오고 싶은 일터를 만들고 싶었다. 그만큼 행복한 일터를 만들고 싶었던 것이다. 많은 시간을 일터에서 보내지만 정작 일터에 가기 싫다면, 직장생활뿐 아니라 삶 전체가 너무 힘들어지지 않을까 싶어서다. 그렇다면 매일 오고 싶은 일터가 되기 위해서는 어떻게 해야 할까? 이에 대해 구성원들과 함께 끊임없이 고민하고 토의도 했다. 정답은 없지만 몇 가지를 깨달을 수 있었다.

첫째, 일의 주인이 되어야 한다. 지시대로 움직이는 것이 아니라 자발적인 의지가 있을 때 더 즐겁고 성과도 잘 나온다. 둘째, 단점이 아니라 강점을 봐야 한다. 긍정적인 기대와 칭찬이 상대를 변화시킨다. 이해경 이사는 조직관리에서 몇 번의 시행착오를 겪으며, 상대를 어떻게 보느냐에 따라 전혀 다른 사람이 될 수도 있다는 것을 깨닫게 되었다.

20년 넘게 일하면서 상사 또는 선배로부터 단 한 번도 지적을 받아보지 않았던 이해경 이사는 '기다림의 리더십'을 실천하고 싶었다. 기다릴 줄 아는 리더가 평범한 인재를 비범한 인재로 거듭나게 하기 때문이다.

일본의 리더십을 이야기할 때 흔히 거론되는 역사 인물은 오다 노부나가, 도요토미 히데요시, 도쿠가와 이에야스다. 오다 노부나가는 "울지 않는 새는 죽여라"고 했으며, 도요토미 히데요시는 "울지 않는 새는 억지로 울게 하라"고 했다. 도쿠가와 이에야스는 "새가 울 때까지 기다려야 한다"고 했다. 오다 노부나가와 도요토미 히데요시는 권력을 잡은 지 얼마 안 되어 멸망했고, 도쿠가와 이에야스는 막부幕府를 설치해 265년 동안 일본을 다스렸다.

도쿠가와 이에야스의 리더십은 기다림이다. 그래서 그를 일본에서는 지장智將 또는 덕장德將이라고 부른다. 리더라면 직원들이 역량을 발휘할 때까지 기다려야 한다. '새가 울지 않으면 울 때까지 기다려야 한다'는 도쿠가와 이에야스의 말을 우리는 가슴 깊이 새겨야 한다.

도쿠가와 이에야스

좋은 리더가 되기 위해서는 기다릴 줄 알아야 한다. 베트남 축구 대표팀의 박항서 감독은 선수들에게 '파파'라고 불리는데, '파파 papa'는 '파더father'보다 친근한 표현이다. 그는 선수들에게 엄격하고 무서운 아버지가 아니라 선수들을 믿고 기다려주는 아버지다. 그는 말이 통하지 않는 베트남 선수들과 스킨십으로 소통하면서 따뜻한 아버지로 다가갔다. 그리고 동아시아에서도 인정받지 못하던 실력으로 주눅 들었던 선수들에게 자신감을 심어주었다. 또 선수 개개인의 실력이 향상될 때까지 다그치는 대신 기다려주었다. 그 결과 선수 개개인의 실력이 놀랍도록 향상될 수 있었다.

2014년 '바인그룹 매출 1,000억 달성'기념 한라산등반

조윤제는 『천 년의 내공』에서 기다림의 중요성에 대해 강조했다.

"삶에서 이루고 싶은 일이 있다면 묵묵히 칼을 가는 시간이 있어야 한다. 고기를 다듬는 작은 일에 오래도록 칼을 갈 필요는 없다. 하지만 원대한 꿈을 이루기 위해서는 그 꿈에 부끄럽지 않을 만큼 오랜 시간 담금질을 감내해야 한다. 그렇게 축적한 시간의 결을 일컬어 '내공'이라고 한다."

그렇다. 리더로서 이루고자 하는 것이 있다면 기다릴 줄 알아야 한다.

이해경 이사는 '바인그룹 매출 1,000억 달성'을 기념하는 회사 행사인 제주도 한라산등반에도 참여했는데, 이에 대한 기억이 지금도 생생하다. 폭설로 인해 정말 힘든 등산이었는데, 구성원들과 함께해서 힘든 줄도 몰랐고 시간도 금방 간 것 같았다.

구성원들과 고객을 대하는 게 힘들고 일이 지칠 때, 과거에는 일이나 사건의 원인에 집중하다 보니 그 일을 만든 사람이 미워지거나 싫어지는 경우가 많았다. 그러다 보니 팀원들을 좋은 팀원과 나쁜 팀원으로 나누게 되고, 미워하는 마음이 생기면 더 힘들기만 했다. 하지만 지금은 감사를 삶에 적용하면서 많은 변화가 생겼다.

아무리 힘들어도 감사함을 찾아내려 한다면 좋은 쪽으로 생각이 바뀌는 법이다. 이는 결코 쉬운 일은 아니지만 그는 이 일을 실천하고 있다. 또 더 좋은 리더가 되기 위해서는 지성도 채워야 한다고 생각해 공부도 게을리 하지 않고 있다.

회사 창립
100주년 기념식을 꿈꾸며

이해경 이사는 100년 기업이 되기 위해서는 사람이 가장 중요하다고 말한다. 특히 리더의 철학과 신념이 중요하다. 지금의 회사가 이만큼 성장한 데에는 회사의 신념과 철학이 있었기 때문이다. 이 철학과 신념으로 회사의 교육프로그램이 운영되었고, 좋은 인재들이 육성되었으며, 이들은 끊임없이 성장하고 있다.

작은 공동체로 시작한 바인그룹이 지금처럼 큰 회사가 될 수 있었던 것은 적재적시에 교육프로그램으로 인재를 양성했기 때문이고, 리더를 중심으로 원팀 정신으로 지금의 바인그룹을 만들었다. 평범한 인재들을 비범한 인재로 만드는 데에는 회사의 교육문화와 시스템이 있었는데, 그는 앞으로 바인그룹의 성장에 기여하고 싶다. 기회가 주어진다면 바인그룹에서 인재를 육성하는 데 책임을 다하고 싶다. 사회에 선한 영향을 주는 인재를 양성하는 바인그룹의 가치를 잘 살릴 수 있는 일에 참여하고 싶다.

'왜 나는 아무 연고도 없는 부산에서 제2의 인생을 살고 있을까?'

그는 부산에 와서 몇 년간 이 의문이 풀리지 않았다. 그러나 지금은 그 해답을 찾아냈다. 그는 대한민국 청소년들의 건강한 성장을 돕는 좋은 코치를 육성하는 데 있어 부산경상 지역이 큰 역할을 할 거라고 생각한다.

그는 회사라는 공동체 안에서 구성원들이 목표와 꿈을 이루기 위해 도전할 수 있도록 리더로서 동기부여를 제공하고, 함께하는 파트너의 역할을 잘 수행해 나가려 한다. 성과와 매출, 상품과 문화를 함께 성장시키는 센터로 만드는 데 최선을 다할 것이다.

그는 바인그룹이 누구에게나 기회를 공평하게 주고, 배우고 성장할 수 있는 환경이 조성된 일터라고 생각한다. 앞으로 회사 창립 100주년 기념식에 참여하는 즐거운 상상도 해본다.

제 3 장

초일류기업에는
초일류기업문화가
있다

20년 이상 함께하는
구성원이 많은 회사

오래 익을수록 좋은 것은 많다. 프랜시스 베이컨은 "오래 말린 땔나무, 오래 묵어 농익은 포도주, 믿을 수 있는 옛 친구, 읽을 만한 원로작가의 글"이 좋다고 말했다. 필자가 생각하는 오래될수록 좋은 것은 바로 푸른 숲이다. 신록이 우거진 푸른 숲을 보라. 보는 것만으로도 힐링이 되고 위로가 된다. 가만히 바라보면 푸르고 맑게 살라는 응원의 속삭임이 들려온다.

힘들고 앞이 안 보일 때는 푸른 숲을 보라. 숲의 숨소리를 듣고 있으면 조용히 응원해 주는 메아리를 들을 수 있다. 바인그룹은 구성원들에게 이 푸른 숲과 같은 회사다. 시간이 흐를수록 숲이 울창해지듯 회사는 점점 성장하고, 오래오래 동행하는 구성원들이 많아서 의리도 뜨거워진다.

이처럼 끈끈한 의리로 뭉친 바인그룹의 구성원들은 서로의 꿈을 응원해 준다. 서로의 꿈을 응원해 주는 기업문화가 있기에 오래도록 함께 동행하려 한다.

바인그룹의 구성원 5천여 명 중에는 20년을 함께한 사람이 부지기수고, 25년 이상 함께 동행한 사람도 많다. 바인그룹의 박계현 편집팀장이 "바인그룹과 동행한 지 15년이 되었다"고 하길래 "오래 근무하셨네요!"라고 했더니, 자신은 명함도 못 내민다고 한다. 20년, 25년 함께한 구성원들이 50명이 넘는다고 한다.

시인 박노해는 "네가 자꾸 쓰러지는 것은 네가 꼭 이룰 것이 있기 때문이고, 네가 지금 길을 잃어버린 것은 네가 가야만 할 길이 있기 때문이다. 네가 다시 울며 가는 것은 네가 꽃피워 낼 것이 있기 때문이고, 힘들고 앞이 안 보일 때는 '너의 하늘을 보라'"라고 했다.

바인그룹 구성원들은 길을 잃은 동료를 일으켜 세워주고, 동료가 하늘을 보며 꽃을 피울 수 있도록 서로에게 힘이 되어준다.

바인그룹의 창립멤버인 양복렬 COO는 오랜 세월을 동행할 수 있었던 이유로 "바인그룹의 리더십과 회사의 성장성"을 꼽았다.

양복렬 COO는 바인그룹은 중요한 결정을 내려야 할 때, 긍정적인 측면과 부정적인 측면을 동시에 의견을 나눈다고 한다. 한 번 내린 결정이 기업의 운명을 좌우하기 때문이다.

양복렬 COO는 바인그룹 관리 시스템의 뼈대를 잡았으며, 사내 벤처인 100프로젝트에 상당부분 참여해 벤처 사업을 개발하고 있다. 현재 그가 사업화시킨 '더세이브'는 손익분기점을 넘기며 성장을 이끌고 있다.

바인그룹의 심장이라 할 수 있는 기업가치교육을 담당하고 있는 장문석 상무는 1990년 첫 직장인 국민서관에서 바인그룹과의 긴 인연이 시작되었다. 언론홍보, 리스크관리, 현장영업, 조직관리를 담당했던 그는 바인그룹에서 교육과 HR 업무를 주로 했고, 현재는 기업가치교육을 담당하고 있다.

장문석 상무는 국민서관에서 개인적 목표를 가진 평범한 직장인이었으나 동화 속에 나오는 따뜻한 기업을 만들고 싶다는 기업가 정신과 성공한 기업이 아니라 성장하는 회사를 만들어가는 비전이 매력적인 것 같아 바인그룹과 함께 동행하게 되었다. 회사가 성장하기 위해서는 구성원 성장이 우선되어야 한다고 여기는 바인그룹에서 많은 경험도 할 수 있고, 끊임없이 배우는 삶을 살 수 있을 거라고 생각했다.

그는 지난 일을 회상하며 말했다.

"빗물이 새는 사무실에서 월세를 내가며 힘겨운 시기를 보냈고,

20년 후 우리 힘으로 사옥을 세우게 되었습니다. 지금의 바인빌딩으로 이사하고 1년 동안 총무팀장을 맡아서 내부지원 업무를 하느라 정신없이 일했지만 가장 보람 있고 신나게 일할 때였죠."

장문석 상무는 회사의 배려로 자기성장프로그램의 수혜자가 되어서 감사하다고 말한다. 후배들보다 먼저 좋은 교육을 이수하고 다양한 교육을 통해 성장할 수 있었기 때문이다. 특히 바인아카데미 초창기부터 10년 넘게 강의를 통해 다양한 스킬 및 교육의 원리를 체득하고, 개인과 조직의 승리를 이끄는 성장의 메커니즘을 이해하고 응용할 수 있게 되었다. 물론 회사에서 배운 교육을 자녀 및 가정을 성장시키는 데도 활용할 수 있게 되었다.

장문석 상무는 바인그룹의 연중행사인 체육대회와 별밤축제, 연수, 등산, 출정식, 송년회 등에 참여하며 젊은 시절을 보냈는데, 그런 만큼 추억이 녹아 있다. 특히 매출 1,000억 달성을 기념하기 위해 구성원들이 한라산 정상을 등반한 행사는 가장 소중한 추억으로 자리 잡았다. 등반을 시작할 때부터 내려올 때까지 눈보라를 맞아야 했지만 겨울만 되면 이 행사가 두고두고 떠오른다고 한다. 한라산을 힘겹게 오르면서 힘들어하는 동료를 등 뒤에서 밀어주는 구성원들을 바라보며, 좋은 협업은 앞에서가 아니라 뒤에서 밀어주어야 가능하다고 생각한 그는 묵묵히 구성원들을 도와주겠다는 마음으로 일하고 있다.

2020년 창립 25주년 출정식

그는 창업 시기부터 구성원들의 리쿠르팅과 교육을 담당하면서 눈으로 보고 귀로 듣고 심장으로 느낀 것들이 많은 만큼 바인그룹의 가치와 비전을 후배들과 공유할 때가 가장 행복하다고 말한다. 바인그룹의 기업가 정신과 철학을 공유하며 도덕적, 윤리적으로 완성도가 높은 기업문화를 만들려 하고 있다.

타인의 성장을 도와주는 리더가 진정으로 선한 리더다. 그러기 위해서는 먼저 자기 성장을 해야 한다는 게 바인그룹의 핵심가치다. 1인칭을 완성해야 2인칭, 3인칭도 완성할 수 있기 때문이다. 독점과 독선은 한계가 있다. 성장이 선순환되었을 때 더 큰 성장을 낳는다. 100년 기업을 꿈꾸는 바인그룹은 자기 성장을 통해 서로를 성장시키는 기업이다.

이러한 가치를 추구하므로 바인그룹은 나날이 성장하는 기업이 될 수 있었다. 지속 가능한 성장 시스템이 작동하고 있는 것이다. 장문석 상무는 "날마다 성장하는 회사에서 일하고 있어서 자랑스럽고 행복하다"고 말하며 미소 지었다.

따를 줄 아는 자가 이끌 줄도 안다

창립 초기부터 지금까지 27년의 세월을 함께한 의리파 구성원들, 무엇이 이렇게 오랜 세월을 함께할 수 있도록 인연의 끈을 이어주었을까? 바로 진정성과 성장이라는 두 개의 탄탄한 동아줄이 있었다.

바인그룹의 초창기 시절에 서로에게 인간애를 느꼈고, 함께하는 동안 그들은 많은 성장을 이루었다. 초창기 시절부터 CEO를 믿고 따랐는데, 그들은 어느덧 여러 구성원들을 이끄는 리더로 성장했다. 필자는 집필하는 동안 많은 구성원들과 인터뷰했는데, 그들에게 느낀 것은 한결같이 회사를 무한신뢰하고 존중하고 있었다. 그래서인지 바인그룹 구성원들의 의리는 뜨겁고도 단단했다.

'아, 이래서 이 회사는 잘될 수밖에 없구나!' 하는 감탄사가 집필하는 내내 나오곤 했다. 진정성은 인간관계의 최고의 덕목이다. 진정성이 있어야 사람의 마음을 사로잡을 수 있고, 그 울림은 사람을 움직이게 하고 성장하게 하는 강력한 비즈니스 도구가 된다.

현재 바인그룹의 계열사인 다브인터네셔널을 맡고 있는 장석 이사는 바인그룹의 창업멤버인데, 창업하기 전인 1989년부터 시작된 인연을 계기로 현재까지 33년 넘게 오랜 인연을 이어오고 있다. 이쯤이면 가족 같은 인연이라고 해도 되지 않을까. 무엇이 이토록 오랜 세월 동안 인연의 끈을 이어주도록 한 것일까? 그는 말한다.

"초창기부터 지금까지 변함없는 열정과 직업관으로 구성원들을 대하시는 초지일관하는 리더의 모습에 반하게 되었고 저도 그러한 리더가 되기 위해 열심히 하다 보니 지금까지 동행했던 것 같습니다."

그가 담당하고 있는 다브인터네셔널은 무역과 유통 분야의 계열사다. 고려진생이라는 홍삼 브랜드는 현재 홍삼 제품을 OEM 생산하여 외국으로 수출도 진행하고, 온라인으로 상품을 판매 및 유통시키고 있으며, 외부 업체의 1,000여 개 이상의 다양한 상품들을 위탁대리 판매 형식으로 입점시켰다. 이 제품들을 좀 더 저렴하게 바인그룹의 구성원들이 구입할 수 있도록 고려진생몰이라는 복지몰도 운영하고 있다.

장석 이사는 조직을 운영하면서 팀원들이 성장하고 발전해 나가는 모습을 지켜보며 보람과 성취감을 느낀다고 말한다. 또 자신이 새로운 영역에 도전해 성공적으로 업무 성과를 창출할 때가 가장

고려진생

큰 성취감을 느낀다고도 한다.

그가 좋은 성과를 창출하게 된 데에는 바로 피닉스리더십 교육이 있었다. 이 교육을 통해 잠재의식과 자기암시효과의 중요성 등을 접하게 되었는데, 영업활동을 할 때 많은 도움을 받았다. 잠재되어 있는 자신의 능력을 끄집어내어 최고의 영업실적을 달성할 수 있었기 때문이다. 그리고 삶을 살아가면서 난관에 부딪힐 때마다 이겨낼 수 있다는 자기암시와 확신을 갖고 긍정적 마인드로 즐겁게 생활하다 보니, 대장암 4기 판정을 받고서도 당당히 암과 싸워 극복할 수 있었다.

그가 오랜 세월을 바인그룹과 함께하면서 기억에 가장 남는 행사는 별밤축제다.

"1박 2일간 전 구성원들과 함께 웃고 즐긴 행사였는데, 뜨거운 의리를 느낄 수 있었답니다."

그는 에디코에서 국민에디코, 에듀코, 동화세상에듀코, 바인그룹으로 성장해 온 과정을 잘 아는 사람이니만큼 그에게 회사가 성장하게 된 가장 큰 이유에 대해 물었다.

"창업 당시부터 구성원의 성장을 위해 학습에 투자했기 때문이죠. 그리고 후배들에게 귀감이 되는 선배들이 많은 것도 이유죠. 저는 이제 정년이 얼마 안 남았지만 일하는 동안 후배들에게 귀감이 되는 선배가 되고 싶고, 지속적으로 새로운 것에 대한 도전과 학습을 힘이 닿는 데까지 해보고 싶습니다."

그는 현재 다브인터네셔널의 판매 및 유통을 맡고 있다. 특허받은 발효 홍삼을 원료로 한 '고려진생' 헬스케어 브랜드를 필두로 다양한 건강기능제품, 화장품, 생활가전 등 상품을 국내 판매 및 해외 수출을 진행하고 있다. 또 바인그룹 구성원들이 좋은 제품들을 저렴하게 구매할 수 있도록 복지도 담당하고 있다. 앞으로도 최고의 제품들을 다양하게 입점시켜 구성원들이 믿고 사용할 수 있도록 최선의 서비스를 제공할 것이다.

대나무 중에 최고로 치는 '모죽'은 씨를 뿌린 후 5년 동안 아무리 물을 주고 가꿔도 싹이 나지 않는다. 5년이 지난 어느 날 손가락만 한 죽순이 돋아나 하루에 약 1미터씩 자라나 1년에 약 300미터까

바인그룹의 구성원들은 고려진생몰을 통해 좋은 제품들을 저렴하게 구매할 수 있다.

지 자란다.

대나무는 왜 5년 동안 자라지 않았을까? 사실은 자라지 않았던 것이 아니다. 5년 동안 대나무는 사방으로 수십 미터나 뿌리를 뻗는다. 5년 동안 숨죽인 듯이 뿌리만 뻗었던 것이다. 그렇게 5년이 경과한 후에야 당당하게 그 모습을 드러낸 것이다. 지난 27년간 바인그룹은 모죽처럼 뿌리를 뻗기 위해 인재양성 등에 아낌없이 투자했다. 그리하여 해를 거듭할수록 줄기를 무럭무럭 뻗어나가는 포도나무처럼 알찬 열매를 맺고 있는 것이다.

자세히 볼수록 좋고,
오래 볼수록 좋은 회사

자세히 보아야

예쁘다

오래 보아야

사랑스럽다

너도 그렇다.

─나태주, 「풀꽃」

바인그룹은 풀꽃 같은 회사다. 자세히 볼수록 좋고, 오래 볼수록 좋은 회사다. 필자가 바인그룹을 처음 만난 것은 2008년에 강의하러 갔을 때였다. 그때는 이렇게 좋은 회사인지 미처 몰랐다. 얼마 전에 삼성과 셀트리온, 포스코케미칼, 마이다스아이티 등 초일류기업의 비밀을 밝힌 책인 『초일류』를 집필하면서 바인그룹에 다시 방문했는데, 이때도 '좋은 기업이구나'라는 생각이 들었지만, 이렇게까지 좋은 줄은 몰랐다. 이번에 이 책을 집필하면서 바인그룹의 구성원들과 보다 많이 소통하면서 몇 번이나 감동했다.

'아, 이 회사는 앞으로 엄청 커지겠구나!'

이 회사는 초일류기업문화를 바탕으로 초일류기업으로 성장해가고 있다. 바인그룹을 이끄는 CEO는 물론 구성원들에게 진정성과 열정, 사랑과 배려를 느낄 수 있었고, 그런 느낌이 고객에게도 고스란히 전해질 것이라 믿어 의심치 않는다.

대한민국 국민이라면 한 번쯤 읊어보았을 시 나태주의 「풀꽃」은 짧지만 강렬한 메시지를 준다. 이런 시로 고백을 받는다면 어떻게 사랑에 빠지지 않을 수 있을까? 바로 진심을 느낄 수 있기 때문이다.

'풀꽃 시인' 나태주는 16살 때부터 무려 61년 동안 시를 썼다. 잔잔하지만 깊은 울림을 지닌 나태주 시의 원천은 무엇인가? 그는 자신이 여든 가까운 나이가 되도록 시를 쓸 수 있었던 이유는 딱 하나라고 말한다. 바로 좋아했기 때문이었다.

그는 "만약 좋아하는 걸 할까, 잘하는 걸 할까 고민한다면 좋아하는 것을 1순위로 하라"고 말했다. 그는 자신을 시인으로 만들었던 여자에 대해 이렇게 말했다.

"나에겐 두 여자가 있어요. 한 여자로부터 버림받는 순간 나는 시인이 되었고, 한 여자로부터 선택받은 순간 나는 남편이 되었죠. 그런데 중요한 건 나를 버린 여자 때문에 시인이 됐다는 겁니다. 그래서 인생을 길게 보면 어떤 인생도 의미 없는 인생은 없어요."

"어떤 인생도 의미 없는 인생은 없다"를 "어떤 투자도 의미 없는 투자는 없다"로 바꾸고 싶다. 남들은 "왜 그렇게 인재양성에 무리

할 정도로 투자하느냐"고 했지만 바인그룹은 학습과 코칭을 접목한 회사답게 인재교육에 투자를 아끼지 않고 있다.

어떤 인생도 의미 없는 인생이 없듯이 어떤 투자도 의미 없는 투자는 없다. 투자하지 않고는 열매를 기대할 수 없다. 싹이 트고, 꽃이 피고, 열매를 맺기 위해서는 씨앗을 뿌려야 한다. 그리고 좋은 열매를 맺기 위해서는 시간, 물, 햇살이 필요하다. 좋은 기업이 되기 위해서는 구성원을 위한 교육에 투자해야 한다. 좋은 교육을 통해 구성원이 성장하고, 그 성장이 고객만족으로 이어진다. 바인그룹은 구성원들을 대상으로 멘토, 멘티 시스템을 지원하고, 코치들에게는 전문 코치 기회를 제공하고 있다. 학생들에게도 코칭에 대해 교육하고 있다.

바인그룹에서 20년 이상 일하는 구성원들에게 물으면 대부분 "회사가 성장한 이유는 교육 때문"이라고 답하는데, 이외에도 다음과 같은 이유로 회사가 성장하게 되었다고 말한다.

e상상코칭부 김현정 상무는 말한다.

"오랜 기간 일했던 만큼 여러 이유가 있음을 알게 되었는데요. 창의적이고 끼가 넘치는 젊은 동료들과의 즐거운 행사, '도대체 저 자신감은 어디서 나오는 걸까' 하는 호기심이 생길 정도로 회사의 성공을 확신하는 창업 멤버들, '구성원은 생명이다', '우리 회사의 핵심가치는 인재양성입니다'라고 말하는 회사, 일한 만큼 인정과 보상을 받을 수 있는 다양한 시스템, 성장할 수 있는 다양한 교육의 기회가 있기 때문에 오래도록 바인그룹 가족이 될 수 있었어요."

1998년 10월에 바인그룹과 인연을 맺기 시작한 학원사업부 박은영 이사는 말한다.

"오랜 세월 회사와 함께 동행해 온 이유는 바로 진정성 때문입니다. 말만 앞서는 리더는 많지만 실제로 실행하고 진심으로 구성원들을 위하는 리더는 많지 않은데, 바인그룹은 처음부터 그런 리더가 이끌었습니다. 이것이 바로 회사가 성장하게 된 이유입니다. 진정성이 결국 많은 사람들의 마음을 움직였죠."

박 이사는 학원사업부에서 조직관리 관리자로 전국에 163개 직영학원을 운영하고 있다. 이 학원들은 초중고 영수종합학원이다. 그녀는 바인그룹이 추구하는 선한 영향력을 주는 글로벌 리더가 되기 위해, 개인보다 전체를 보는 시야를 기르고, 솔선수범과 끝까지 책임지는 태도를 갖추기 위해 끊임없이 학습과 자기관리를 하는 습관을 갖고 있다고 한다.

결국 사람이
사람에게 기적이 된다

춘추전국시대에 제나라는 연나라의 침략을 받아 70여 개의 성을 빼앗기고 태수 전단이 이끄는 즉

묵성과 또 하나의 성만 남았다. 즉묵태수 전단은 군사와 백성들을 하나로 단결시켜 연나라 군사를 공격해 승리했다. 어느 조직이든 하나가 되면 강한 조직이 된다. 제나라는 모든 군사와 백성을 하나로 만든 전단 덕분에 위기를 극복할 수 있었다.

우리는 '살아간다'고 말하는 대신에 '먹고산다'고 말하기도 한다. 우리가 살아가기 위해서는 반드시 밥을 먹어야 하는데, 낯선 사람과도 밥을 같이 먹으면 가까워질 수 있다. 밥을 함께 먹는 식구는 세상에서 가장 가까운 사람이다. 표준국어대사전에 의하면 '식구食口'는 '한집에서 함께 살면서 끼니를 같이하는 사람'을 의미하는데, '한 조직에서 함께 일하는 사람'을 비유하기도 한다. 유대감이 강한 회사에서는 직장 동료를 '식구'라고 일컫기도 한다.

강한 조직이 되기 위해서는 강한 유대감을 형성해야 하는데, 사회적 연결과 유대의 중요성 대해 말하는 책이 있다. 켈리 하딩의 『다정함의 과학』은 친절, 공감, 칭찬이 건강의 비결이라고 말한다. 매일 포옹을 받은 사람은 병에 걸릴 확률이 32%나 낮아진다고 한다.

컬럼비아 의대 정신의학 교수 켈리 하딩 박사는 풍부한 진료 경험과 임상 사례를 바탕으로 가족관계, 교육수준, 사는 동네 등 건강과 사뭇 무관해 보이는 사회적 요인이 건강과 수명에 어떤 영향을 미치는지를 이 책에서 흥미롭게 분석한다. 따뜻하게 안아주는 애정, 격려하고 응원하는 우정, 이해하고 공감하는 친밀감 등의 감정은 우리를 질병에 덜 걸리게 하고, 더 오래 살게 해준다. 현대의학이 그동안 집중하지 않았던 건강의 사회적 결정요인을 과학적이면서도 풍부한 스토리텔링을 통해 명쾌하게 설명한다.

우리의 건강과 행복을 결정하는 요소는 단지 유전자와 질병의 유무에만 있지 않다. 신체에만 주목하는 현대의학의 좁은 사고에서 벗어나 개인의 삶과 환경이 서로 영향을 주고받는 파급효과에 눈을 돌리면 건강을 새로운 관점에서 바라볼 수 있다. 스스로에 대한 사랑, 타인에 대한 공감, 친절함과 다정함을 전하는 마음, 건강하고 안전한 환경, 차별과 편견을 배제한 공정성, 개인과 집단의 회복력을 향상하려는 여러 노력과 정책 등이 복합적으로 건강에 영향을 준다. 우리는 이제 좀 더 넓은 시각으로 인간의 건강과 행복을 바라봐야 한다.

개인의 작은 행동은 주변 사람들에게 파급된다. 일상에서 하는 사소한 결정이 우리와 주변 사람들의 삶에 큰 변화를 가져올 수 있다. 진정으로 건강한 삶은 건강의 잠재 요인에 대해 함께 고민하고, 서로 연대하며, 삶의 목적과 기쁨을 함께 찾아 나가는 과정에서 온다. 이 책은 타인에게 공감하고 친절을 베푸는 등 다정함을 전하는 작은 행동이야말로 나와 사회를 건강하게 만드는 근본적인 변화의 첫걸음이라는 사실을 확실히 알려준다.

바인그룹의 구성원들은 대부분 함께 일하는 동료들과의 유대관계가 돈독하다. 선배는 후배를, 후배는 선배를 아끼고 응원하며 소통하고 공감한다. 이는 그들의 장기근속년수를 보면 알 수 있다. 20년 이상 오랜 세월 함께 일하고 있고, 함께 성장하고 있는데, 앞으로도 성장해 갈 것이다.

코칭교육부 유원숙 상무는 바인그룹이 창립하기 전인 1994년 국민서관이라는 출판사에 들어와 10개월 정도 일하다가 1995년 회사창업 멤버로 함께 시작하게 되었다.

유원숙 상무가 20대 초반에 바인그룹에서 현장 영업일을 시작했을 때 그 어떤 비전도 없는 것 같았다. 그런데도 회사에서 일할 수 있었던 것은 구성원 한 명 한 명의 성과보다 사람 그 자체와 가능성을 크게 봐주고 많은 기회를 준 회사의 문화와 구성원들의 성장을 돕는 시스템 덕분이었다. 구성원을 존중하고 '인재양성'이라는 핵심가치를 추구하는 바인그룹이 자기 성장을 꿈꾸던 자신과 잘 맞는 것 같아서 오랜 시간 지치지 않고 일하고 있다.

유원숙 상무는 현재 마케팅부서인 코칭교육부 소속으로 전주센터에서 회사와 구성원들을 연결해 주고 있는데, 온라인 마케팅 코치와 한글 및 논술 수업코치를 관리하고 지원해 주는 리더의 역할을 하고 있다.

그녀는 반드시 지키는 원칙이 있는데 'Never give up'이다. 비록 실수와 실패를 할 때가 많지만 절대 포기하지 않고 앞으로 한 발씩 나아가는 것이다. 특히 일한 것만큼만 좀 더 하고 그때 가서도 안 되면 포기하자고 생각하며, 자신에게 기회를 많이 주는 편이다. 10년차가 되었을 때 리더로서 자질이 부족하다는 생각에 부끄럽고 도망치고 싶은 순간도 있었지만 그때도 10년 일했으니 10년은 더 일해 보고 그래도 안 되면 포기하자고 결심해서 다시 시작했다. 그런데 20년차가 되었을 때도 자신이 부족하다고 생각했는데 20년만 더 해보자고 결심하며 다시 시작하는 마음으로 신입처럼 일하기 시작했다. 이처럼 열정이 있으니 일에 지치지 않을 수밖에.

결코 포기하지 않고 달려오느라 보람을 느낄 때도 많았다. 처음 동화책 판매영업을 하고 소중한 계약이 성사되었을 때, 자신이 속한 공동체가 좋은 문화를 형성하고 만족스러운 성과를 냈을 때, 처음 리더가 되어 소속 코치가 잘되어 부서에서 독립할 때, 코칭과 멘토의 역할을 통해 후배와 동료들에게 도움을 주었을 때, 올해 코칭교육부 최초로 여성 상무가 되어 소감을 발표했을 때, 이럴 때마다 보람을 느끼고 자신의 존재를 다시 한 번 확인할 수 있었다.

유원숙 상무는 바인그룹이 추구하는 선한 영향력을 주는 글로벌 리더가 되기 위해, 현재 구성원들과의 벽을 허물고 커뮤니케이션하면서 서로 연결되어 성장하는 문화를 형성해 나가고 있다. 그런데 그녀에게는 부족한 점도 있다. 바로 디지털 기술이다. 그래서 틈틈이 디지털 기술을 배우고 조금씩 실행하고 있다. 결과적으로 디지

2000년 출시한 유아 한글재미

털 능력을 갖춘 리더, 소통 전문가가 되어 구성원들의 성장을 돕고 회사와 구성원들의 연결고리가 되고 싶다고 말한다.

그녀는 구성원을 존중하고 그들의 성장을 돕기 위해 소통하고 협력하는 리더로 성장해 나가고 있다. 앞으로도 꾸준히 성장하고, 다른 이들의 성장을 돕는 리더와 멘토가 되겠다고 포부를 밝혔다.

잠자는 시간 빼고 일터는 가정보다 더 많은 시간을 보내는 공간이다. 일을 통해 소통하고, 마음을 나누고, 때로는 서로 상처받고, 마음을 다치기도 한다. 희로애락이 공존하는 공간이 바로 기업의 일터다. 함께 일하는 공간에서는 아픔만큼 성숙해지고, 절망을 느끼는 만큼 기쁨도 크다. 그렇기에 일터가 꿈터가 되도록 만들어야 한다. 바인그룹은 일터가 꿈터가 되는 회사다. 다양한 사내교육을 통해 그들 스스로 품격 있는 삶을 가꾸고 있기 때문이다.

목표는 하늘처럼, 뜻은 별처럼

이동미 본부장은 바인그룹의 핵심부서인 e상상코칭부의 조직관리자다. e상상코칭부의 목표를 위한 전략을 세우고, 현장 코치와 부서장들의 매출을 관리하고, 업무가 편해질 수 있도록 소통하고 있다.

이동미 본부장은 2003년 바인그룹과 인연을 맺기 시작해 20년 가까이 일하고 있다. 무엇이 이토록 오랫동안 일하게 했을까? 그녀는 1초의 망설임도 없이 힘주어 말했다. "자신이 원하는 것을 얻을 수 있기 때문"이라고. 그렇다면 무엇을 얻었을까? 그녀는 행복한 미소를 머금고 당당하게 말했다.

"자기성장은 제 꿈을 찾고 삶을 잘 가꾸게 해주었고, 회사의 오픈된 학습환경을 통해 끊임없이 자기성장과 개발을 할 수 있었죠."

그녀는 일한 만큼 받을 수 있는 임금 시스템이 좋았고, 함께하고 배울 수 있는 구성원들이 있고, 학생들을 만날 수 있으므로 더욱 좋았다고 말한다.

그녀는 회사를 통해 이수한 교육을 통해 자신이 원하는 것을 이룰 수 있다는 자신감을 기를 수 있었다. 다이어트와 출산의 어려움을 느낄 때에도 자신감과 긍정적인 마인드로 극복할 수 있었다.

하지만, 성과를 내는 것은 결코 만만치 않았다. 현장 부서장_{목동}
교육본부 선임으로 있을 때 성과를 거두지 못할 때가 가장 힘들었다.
모든 책임이 자신에게 있다고 생각했다. 구성원들에게 함께 해보자
고 확고한 신념을 가지고 말해야 하는데, 말에 힘을 싣지 못해서 힘
들었다.

구성원들과 고객이 힘들게 하거나 일에 지칠 때는 '나는 완벽하
지 않다'고 생각하면 부정적인 생각은 이내 멈추게 된다. 부서를 이
동하면서 이를 더욱 깨닫게 되었다. 각 부서를 경험하지 않고는 자
기 입장만 생각하게 된다. 상대의 입장을 헤아리지 못하는 것이다.
그래서 그녀는 자신의 진솔한 이야기를 먼저 꺼내는 습관을 갖게
되었다. 결국 서로를 이해하게 되면 대부분의 문제들이 풀리게 된
다는 것을 깨닫게 되었다.

어느덧 그녀는 어려운 시간들을 이겨내고, 용기 내어 도전하고,
사람들과 소통하며 스스로를 단련하는 일에 익숙해졌다. 덕분에
코치 시절에 결코 잊지 못할 성취감을 맛보았다. 최고의 성과를 거
두었기 때문이다. 직장인은 몸값으로 자신의 가치를 증명하는 법이
다. 팀장 시절에는 상위 3% 업무성과를 내고, 그만큼 금전적으로
도 많이 받을 수 있었다. "목표는 하늘처럼, 뜻은 별처럼! 에듀코는

당신을 최고로 인정합니다!"라는 문구가 박힌 패를 받았던 그 순간을 지금도 잊을 수 없다.

부서장 시절에는 회사에 필요한 인재를 키워내서 간부를 배출한 순간에 성취감을 느꼈다. 부서 이동 후 현장의 의견을 듣고 그 의견을 반영했는데, 현장업무의 효율성이 높아진 것을 확인한 순간 크나큰 성취감을 느꼈다.

그녀는 회사를 통해 봉사활동을 하면서도 보람을 느낀다고 말한다. 일산에 있는 굿윌 스토어에 봉사활동을 갔을 때 큰 교훈을 얻었고 한다. 기증품으로 들어온 물건들을 분류하고 세척하는 일을 했는데, 그때 물건들의 상태가 안 좋은 것을 발견하면서 이렇게 생각했다.

'다른 사람에게 주는 것은 아무리 기증품이라도 내가 주기 아까운 것을 줘야 한다. 내가 쓰지 않는 것, 심지어 버릴 것을 기증하면 정말 안 되겠구나……'

사람들이 기증한 물건들을 지켜보면서 나눔에 대한 생각도 재정립하게 되었다.

그녀는 봉사활동을 하면서 무엇보다 상대를 기쁘게 하는 것이 중요하다고 깨달았다. 그리고 이제까지 회사에서 자신에게 제공한 것들전 세계 22개국 방문, 크루즈 여행, 가장 좋은 호텔에서 식사 등은 자기에게 최고로 좋은 것들이었고, 자기 또래의 사람들이 누릴 수 없는 것임을

2020년 굿윌 스토어 봉사활동

깨달을 수 있었다.

누군가에게 무언가를 줄 때는 최고로 좋은 것을 주어야 한다는 사실을 봉사활동을 통해 깨달은 것도 고마울 따름이다.

우리 아이도
바인그룹에 입사시키고 싶다

"20대에 회사를 만나 제 인생의 절반을 회사와 함께했습니다. 그 안에서 참 많이 울고, 웃으며, 변하고, 성장했습니다. 그러면서 지금의 이동미가 되었습니다. 저는 지금의 제가 참 좋습니다. 회사를 통해 성장한 지금의 나! 특히 그 과정에서 참 많이 행복했습니다. 저는 10살짜리 아들과 8살짜리 딸이 있습니다. 저희 아이들이 원한다면 바인그룹에 입사시키고 싶습니다. 내 아이들에게 추천하고 싶은 회사에 다니는 것, 그게 저의 자랑입니다."

현재 이동미 본부장은 자신의 실력을 키우는 데 집중하고 있다. 선한 영향력을 주는 리더가 되려면 자신이 먼저 성장해야 한다고 생각하기 때문이다. 실력도 없이 영향력을 행사하려 한다면 구성원들이 거부감을 일으킬 것임을 알고 있기 때문이다. 그녀는 위로해 줄 때도 학습할 때도 자신이 부족하면 소용없으니, 자기부터 성장시켜야 한다고 말한다. 그래야 선한 영향력이 있는 리더가 될 수 있다고 한다.

"국민에디코에서 동화세상에듀코, 바인그룹으로 성장하기까지 가장 큰 역할을 한 것은 인재양성입니다. 인재양성을 위해 교육의 기회를 늘려 나간 덕분에 회사가 성장할 수 있었죠. 조직 관리자 등 리더들은 지금 이 순간에도 끊임없이 자기계발에 힘쓰며, 구성원들을 이끌기 위해 노력하고 있습니다. 회사를 통해 얻은 게 많은 만큼 저의 20대, 30대, 40대는 특별했습니다. 이제는 제가 보답하고 싶습니다. 제 개인이 경험한 것을 구성원들 모두가 경험할 수 있도록, 회사의 좋은 문화를 발전시켜 나가겠습니다."

02

◆◆◆

감사할수록 행복해지는
감사행복나눔

바인그룹 학원사업부 남연숙 센터장은 2004년 11월에 바인그룹과 인연을 맺게 되었다. 대학을 졸업하자마자 바인그룹에서 사회생활을 시작하여 18년간 바인그룹과 함께하고 있다. 처음에는 아이들을 가르치는 일을 좋아하고 가장 잘할 수 있을 것 같아서 홈스쿨코치로 바인그룹과 인연을 맺게 되었다. 아이들을 가르치는 홈스쿨코치로 시작해 홈스쿨코치 조직을 관리하는 부서장을 거쳐 현재는 와와학습코칭센터의 센터장원장으로 일하고 있다.

"학원문을 열고 들어오는 아이들을 보면 애정이 샘솟습니다. 공부하러 오는 아이들이 기특하고, 또 부족한 학원이지만 믿고 따르는 아이들이 감사합니다. 공부에 어려움을 겪으며 학원을 찾는 아이들에게 용기와 자신감을 찾아주고, 또 그 과정에서 잘 해나갈 수 있도록 도와주는 제 직업이 참 의미 있고, 무엇보다 너무 재밌습니다. 바인그룹은 멈추어 있지 않고 늘 변화하며, 성장하는 회사입니다. 그 안에서 저 역시 변화하고 성장할 수 있었습니다. 앞으로 성장해 갈 바인그룹이 그리고 제 모습이 기대됩니다."

무엇이 그녀로 하여금 회사에 대한 애정을 샘솟게 했을까? 감사행복나눔이 그녀의 가슴속에 잘 스며들었기 때문이다. 감사행복나눔 프로그램은 감사를 찾고, 그 감사를 적극적으로 표현하도록 연습해 보는 바인그룹의 교육 프로그램이다. 또한 감사를 찾기 어려운 상황 속에서도 감사를 찾아보며, 상황과 사람을 이해하고, 삶에 대한 만족도와 행복지수를 끌어올리는 프로그램이다.

감사행복나눔 프로그램을 수료하며, 사내강사로 활동하면서 교육을 준비하고 수강생들의 감사 사례들을 공유하면서, 삶에 대한 만족도가 높아질 수 있었다. 감사행복나눔 프로그램을 통해 함께 일하는 사람들이 더 소중해지고, 갈등이 생길 때도 상대방의 입장에서 다시 한 번 생각해 볼 수 있는 여유가 생겼다. 사람에 대한 스트레스는 상대가 아니라 나의 마음속에서 생기는 것이기에, 내 마음을 잘 다스려야 한다는 것을 깨달을 수 있었다. 결국 인간관계도 좋아지고 업무 성과도 향상되었다.

감사행복나눔 프로그램은 감사를 찾고, 그 감사를 적극적으로 표현하도록 연습해 보는 바인그룹의 교육 프로그램이다.

감사행복나눔 프로그램은 한 사람에 대한 100감사로 마무리된다. 수강생으로 수료할 때뿐만 아니라 강사로서 강의를 마무리할 때도 100감사를 써보았다. 부모님, 시어머님, 남편, 아이에게 100감사를 직접 써보며, 가까이 있는 사람들에게서 감사를 찾을 수 있었다.

"제 인생 전체를 그려보면, 저는 바인그룹 없이는 설명할 수 없는 사람이 되었습니다. 일터에서 나의 존재를 확인하고, 나의 가치를 발견하는 것이 너무 재밌습니다. 바인그룹 구성원들을 대상으로 외부 코치님에게 일대일 코칭을 받는 교육 프로그램이 몇 주에 걸쳐 진행된 적이 있습니다. 그때 내가 진짜 원하는 것이 무엇인지를 찾아보는 시간을 가졌습니다. 금전적 여유, 좋은 집, 행복한 가정, 명예 등 정말 많은 것들이 있었는데, 코칭 대화를 통해 하나하나씩 찾아보니 제가 가장 원했던 것은, 나와 함께하는 사람들에게 도움이 되고, 영향력이 있는 사람이 되고 싶다는 것이었습니다. 바인그룹에서 제가 좋아하는 일을 하고, 제가 하고 있는 일에서 배운 경험과 노하우를 누군가에게 나누어주는 지금이 정말 행복하고 감사한 것 같습니다."

바인그룹과 오래도록 함께할 수 있었던 것은 구성원들과 함께 배우고 성장할 수 있기 때문이다. 바인그룹에서 처음 일하기 시작했을 때 "우리 회사는 앞으로 전국으로 퍼져나갈 것이니, 여기 계신 분들이 각 지사의 장이 될 겁니다. 리더십도 많이 배우고, 학습해야 합니다"라고 들었고, 그 이야기는 현실이 되었다.

신입코치 시절에는 과연 그렇게 될까 반신반의했었는데, 5년과 10년이 지나면서 회사가 이야기했던 목표와 비전이 하나둘 이루어지는 것을 확인하며, 회사에서 중요한 역할을 맡게 되고, 그에 맞추어 성장할 수 있었으므로 지금까지 바인그룹에서 애사심을 갖고 일할 수 있었다. 그리고 힘들고 어려운 순간에도 지지해 주고 믿어주는 가족 이상의 동료들이 있어서 지금까지 함께할 수 있었다.

바인그룹의 학원사업부는 와와학습코칭센터학원과 더블유플러스수학학원을 담당하고 있다. 와와학습코칭센터학원은 기존 학원과는 차별화된 시스템을 통해 초등학생부터 고등학생까지 학습실력은 물론 진로와 입시까지 책임지는 자기주도학습 코칭 센터다. 전국 모든 센터가 본사 직영으로 운영되어 어느 센터에서나 수준 높은 코칭을 받을 수 있도록 운영되고 있다. 더블유플러스수학학원은 수학 및 과학 전문 강사진의 티칭과 코칭을 융합하여 다른 학원과 차별성을 갖추고 있다. 일대일 맞춤 밀착 수업, 개별 맞춤 교재 등 학생 개개인에 맞춘 커리큘럼을 통해 아이들의 실력 향상과 더불어 학습 습관, 인성 등을 전문코치가 세세하게 케어한다.

남연숙 센터장은 와와학습코칭센터학원 은평점, 풍동점, 당산점과 더블유플러스수학학원 은평점을 비롯해 여러 곳의 학원에서 원장을 맡아 운영하고 있다. 강사, 부원장 관리 및 교육과 학생과 학부모의 관리 및 상담을 맡고 있다. 또한 학원사업부의 솔루션멘토와 지역멘토로도 활동하고 있다. 솔루션멘토로서 전국에 있는 와와학습코칭센터학원과 더블유플러스수학학원을 방문해서 어려운 점들을 경청하고, 노하우를 나누고, 회사의 방향과 정책을 전하기도 한다.

물론 그녀에게 어려웠던 시절도 있었다. 출산 후 육아를 해야 할 때 정말 힘들었다. 홈스쿨코치 조직을 관리하는 부서장 시절이었다. 출산을 하자마자 육아를 함께해야 했기에 아이들을 가르치는 업무를 더 이상 못하게 되었다. 코치들을 리쿠르팅, 관리, 교육하는 부서장 역할 중심으로 일하게 되었다. 그때는 리더십이 부족해 사람들을 이끄는 것이 힘들었고, 자신의 노력이나 에너지만큼 잘 안된다고 생각해 자신감도 많이 떨어졌다. 의기소침해 있던 시기에 회사는 그녀에게 와와학습코칭센터라는 새로운 기회를 주었고, 새로운 일에 도전하면서 다시 한 번 힘을 내고 성장할 수 있었다.

현장에서 아이들을 직접 만나고, 고객들을 직접 대하면서 부서장 역할을 할 때보다 오히려 일은 많아졌지만, 고민하면서 아이디어를 내고 실행한 만큼 코치들이 성장하고 고객만족도가 높아지자 일할 맛이 더 나는 것 같았다.

그녀에게 일에 대한 성취감을 어느 때 가장 크게 느끼는지 묻자 이렇게 답했다.

"어떤 큰 목표를 달성하거나 금전적인 보상을 높게 받을 때보다는 제가 하고 있는 사소하지만 작은 일들에서 더 많이 느끼게 됩니다. 아이들은 공부를 하다 보면 자신감이 떨어지기도 하고, 과연 실력이 오를 수 있을까 하는 막연한 걱정이 들기도 하죠. 아이들이 그런 모습이 보일 때 따로 일대일로 대화시간을 가지며, 아이에게 무엇이 힘든지를 물어보고, 아이의 마음을 공감해 주고, 진심으로 해주고 싶은 조언들을 해주는 것만으로도 아이들의 답답한 마음이 풀립니다. 아이들이 다시 하려 하는 모습을 보일 때 제가 하고 있는 일에 가장 큰 보람을 느끼게 됩니다. 또 저와 대화를 나누고, 아이가 너무 좋아졌다고 학부모님들께서 감사를 전해 주실 때는 지금껏 해온 경험과 학습이 잘 쓰이고 있는 것 같아 성취감을 많이 느끼게 된답니다."

학원사업부는 원장센터장, 부원장부센터장, 국영수 과목별 강사들 4~8명이 하나의 학원을 관리 및 운영한다. 그 지역에서 입소문이 좋은 학원이 되기 위해서는 구성원들이 마음과 방향을 맞추고, 협업해야 한다.

자신의 강점을 잘 살리면서도 서로의 노하우도 공유하고. 학원의 방향에 맞게 서로 맞추어야 할 부분도 많다. 주 2회 미팅을 통해 서로의 수업이나 관리에 대해 좋은 점과 보완할 점을 서로 허심탄회하게 피드백해 주기도 한다. 함께 잘되고 싶은 마음은 물론 서로에 대한 애정이 있어야 불편한 피드백도 서로 믿고 해줄 수 있다. 그리고 지속적으로 교수법이나 관리법에 대해 토의하고, 함께 성장해 나가고 있다.

그녀는 평소에 자주 쓰는 말들이 있는데, 그중 하나가 바로 "행복한 고민"이다. 일이 많아서 버거울 때, 자신을 찾는 사람이 많아서 조금 지칠 때, 고객들이 자신을 힘들게 할 때, 이 또한 "행복한 고민"이라고 말한다. 힘들게 하는 고객이 있고, 찾는 사람이 많은 일터가 있어 행복한 고민을 하는 중이라고 마음관리를 한다.

그렇게 해도 마음관리가 안 될 때는 이렇게 한다. 스스로 마음을 가다듬고 어느 정도 정리가 되었을 때는, 주변의 사람들에게 이야기해 주며 조언을 얻기도 한다.

그녀에게 앞으로의 포부에 대해 묻자 이렇게 답했다.

"앞으로 무엇을 이뤄야 할지에 대해서는 구체적으로 그려내지는 못했습니다. 하지만 회사에서 어떤 일을 맡든 최선을 다할 거예요. 언제나 그랬듯 최선을 다할 때 새로운 기회가 주어지고, 또 새로운 문이 열리니까요. 아이들을 가르치는 코치로 시작해서 홈스쿨티칭을 하며, 고객과 학생을 대하는 노하우와 사교육시장에 대한 경험을 쌓았고, 부서장이 되어서 홈스쿨코치를 관리하고 교육하며 리더십과 사람에 대해 좀 더 깊게 배울 수 있었습니다. 이 경험들은 학원의 원장으로서 잘 해나갈 수 있는 큰 자산이 되었죠. 지금의 역할에 최선을 다하며, 좀 더 경험과 노하우를 쌓은 뒤에 더 큰 도전을 하고 싶습니다. 준비된 자가 더 큰 도전을 할 수 있으니까요!"

끝으로 바인그룹 구성원들은 행복나눔125운동을 하고 있는데, 이것을 간단히 소개해 보겠다.

一日一善行 하루에 1가지 이상 착한 일하기

一月二讀書 한 달에 2권 이상 좋은 책 읽기

一日五感謝 하루에 5가지 이상 감사 나누기

一日一善行 하루에 1가지 이상 착한 일하기

- 착한 일을 하면 배려와 나눔의 힘을 알게 됩니다.
- 배려와 나눔은 믿음과 신뢰로 이어져 사회적 자본을 튼튼하게 만듭니다.
- 이웃 사랑으로 존경받는 나라, 사랑받는 나라가 됩니다.

一月二讀書 한 달에 2권 이상 좋은 책 읽기

- 책을 읽으면 지혜가 쌓입니다.
- 독서 토론을 하면 창의력이 늘어나고 소통과 통합으로 융합과 시너지를 창출하게 됩니다.
- 지혜로운 국민이 되어 인적 자본을 튼튼하게 만듭니다.

一日五感謝 하루에 5가지 이상 감사 나누기

- 감사를 나누면 긍정 마인드가 늘어납니다.
- 너그러운 마음, 부드러운 마음으로 긍정 심리 자본이 증가하여 행복한 사회를 만듭니다.

존재감을 높여준
내리사랑

우리에게 '위대한 소설가'로 알려진 러시아의 대문호 톨스토이에게도 방황하던 시절이 있었다.

1828년 9월 9일, 그는 러시아 남부의 야스나야 폴랴나에서 톨스토이 백작 집안의 넷째 아들로 태어났다. 어린 나이인 2살 때 어머니를, 9살 때 아버지를 여의고, 고모 밑에서 성장했다. 어린 시절에는 집에서 교육을 받았고, 16세가 되던 1844년에 까잔대학교 동양어대학 아랍·터키어과에 입학했으나 사교계를 출입하며 방탕한 생활을 일삼다 곧 자퇴해 1847년 고향으로 돌아갔다. 진보적인 지주로서 새로운 농업 경영과 농노 계몽을 위해 일하려 했으나 실패로 끝나고 이후 3년간 방탕하게 생활했다. 1851년 맏형이 있는 카프카스에서 군인으로 복무했다.

1853년 크림전쟁이 발발하자 그는 전쟁에 참여했다. 전쟁의 참혹함을 경험한 그는 훗날 『전쟁과 평화』1863~1869를 발표했다. 이후 『안나 카레니나』1873~1877를 발표하고 작가로서 이름을 드높이게 되었다.

인생의 정점에 선 바로 그때 자신의 삶이 나락으로 떨어지는 듯한 기분이 들었다. 세계적인 소설가가 되었고 가정에도 평화와 행복이 깃들었지만 그는 자신에게 만족할 수 없었다. 인생의 목적을 탐구하고자 철학, 신학, 과학 등을 닥치는 대로 공부하고 책을 읽었지만 어떤 도움도 받지 못했다. 도무지 삶의 이유를 발견하지 못한 그는 자살 충동까지 느끼게 되었다.

그런데 인생의 최고 정점이던 51세 무렵, 톨스토이의 인생은 완전히 달라졌다. 그는 '인간은 왜 사는가?'를 고민하는 과정에서 깨달은 진실을 어린아이와 민중도 이해할 수 있는 동화 형태로 집필하기 시작했다. 그리하여 탄생한 책이 바로 『사람은 무엇으로 사는가』이다.

"사람으로 있을 때 제가 살아갈 수 있었던 것은 스스로 계획해서가 아니라, 지나가던 사람과 그의 아내의 마음에 있는 사랑 덕분이었습니다. 고아들은 자신을 챙길 수 있어서가 아니라 낯선 여인의 마음에 있는 사랑으로, 그들을 가엾게 여기는 사랑으로 살아남았습니다. 모든 사람이 스스로 계획해서가 아니라, 사람 안에 있는 사랑 때문에 살아가고 있는 것입니다."

톨스토이는 "사람은 사랑으로 살아간다"는 것을 깨달았다. 대문호 톨스토이는 사랑을 발견했기에 살아갈 수 있었고, 말년까지도 『예술이란 무엇인가』1898와 『부활』1899 등을 발표하며 세계적인 작가로 활동할 수 있었다.

"사랑이 없는 가정은 감옥과도 같다"는 말이 있다. 사랑이 없는 회사 역시 감옥과도 같다. 구성원들 사이에 사랑이 감돌 때 회사는 행복한 곳이 될 것이다. 동화세상에듀코의 e상상코칭부와 학원사업부를 병행운영하고 있는 김연하 이사는 2007년 12월에 바인그룹과 인연을 맺기 시작해 현재 15년차다.

"전에는 대기업에 근무하면서 복지의 혜택에 만족했지만 내가 있어도 그만, 없어도 그만이라고 생각해 부속품 같다는 생각이 들었어요. 그와는 다르게 바인그룹에서는 내 존재를 인정받아서 만족도가 컸습니다. 내가 아니면 안 되는 학생들과 팀, 회사가 있다고 느끼게 되었고, 자신감이 없던 저는 자부심이 높아졌죠."

바인그룹에서 꿈을 키우고 있는 김연하 이사는 e상상코칭부에서는 충무로 교육본부의 선임이자 제일지국의 부서장으로 일하고 있다. 충무로 교육본부에서는 '사랑이 깃든 성공조직'을 모토로 '제일지국'이라는 팀을 운영하고 있다. 부서장들의 멘토로 부서장 직무교육도 하고 있다.

학원사업부에서는 서울 1개, 경기 2개, 부산 1개 등 총 4개의 학원을 운영하고 있다. 센터장들의 멘토로 학원장 직무교육을 하고 있다. 바인그룹에서 배우고 익힌 다양한 교육이 꿈을 키우는 좋은 자양분이 되어, 현재 그녀는 사내강사로 리더십 강의를 하고 있다. 이외에도 이사로서 회사 전체를 위한 리더십 교육을 하며 회사의 문화와 정신을 알리고 있다.

그녀에게 "일이 잘 풀리지 않을 때 어떻게 해결하는지"를 묻자 망설이지 않고 이렇게 답변했다.

"셀프코칭도 큰 도움이 됩니다. 내 안의 소리에 귀 기울이고 내가 정말 원하는 게 뭔지, 나는 어떤 사람인지, 이 일을 왜 하려 하는지 등 나만의 이유들을 찾으려 하다 보면 극복되는 것들이 많습니다. 덕분에 회사에서 성취감을 느끼는 경우가 수없이 많지요. 회사의 정책과 경쟁들은 승승을 위한 구조로 이루어져 있어서, 제가 노력하면 나뿐만 아니라 팀과 회사 전체에 기여하게 됩니다. 회사 전체에 동기부여를 하는 구조라서 자부심을 끌어올릴 수 있죠. 저는 2018년에 '두 배 달성'이라는 회사 정책에 부합하는 많은 달성을 이루어서 빨리 이사라는 자리에 오를 수 있었습니다. 이른 나이에 이사가 된 저에게 후배님들이 '젊은 이사님이라서 편안하게 소통을 할 수 있다'고 말해 주어서, 저도 감사하게 일하고 있습니다."

바인그룹에서 일하는 다른 구성원들과 마찬가지로 그녀 역시 회사에서 진행하는 교육이 큰 도움이 되었다고 한다. 특히 바인그룹과 첫 인연을 맺을 때 참관교육으로 접한 피닉스리더십 교육은 회사의 대표교육이기도 하다. 피닉스리더십 교육은 현재까지도 신입 코치들의 필수교육으로 진행되고 있다. 자아의 개념을 정립하고 마음의 법칙을 알아보는 것이 자신을 이해하는 데 큰 도움이 되었고, 목표를 설정하고 성취하는 방법을 배우고 업무에 성과를 낼 수 있었다. 그 내용이 너무 좋아서 여러 번 들었고, 나중에는 강사로 지원하게 되었고, 현재는 피닉스리더십 세미나의 회장을 맡고 있다.

그녀는 팀워크를 높이기 위해 주로 많이 묻고 듣는다. 협업으로 일하는 프로젝트에서 구성원을 모집할 때는 자신이 먼저 하겠다고 지원하고 있다. 전체를 위해 어려운 일을 먼저 맡아서 하다 보면, 결국에는 자신의 능력을 더 향상시킬 수 있다.

그래도 사람이니만큼 몸도 마음도 지칠 때가 있을 수밖에 없다. 일에 지칠 때 그녀는 하고 싶은 버킷리스트를 작성한다. 그러면 의욕이 생기고 날아갈 것 같은 기분이 든다.

그녀는 앞으로 신사업개발팀의 상무가 되는 것이 목표다. 새로운 일을 하는 것이 즐겁고 겁 없이 도전하는 기질이라서 지금까지 새로운 정책들에 참여하면서 성장할 수 있었다. 회사의 배려로 아주대 코칭MBA를 졸업할 수도 있었다. 회사의 사랑에 보답하고자 사내벤처인 '100프로젝트'에도 좋은 사업 아이디어를 제출할 계획이다.

그녀는 아무것도 모르는 20대에 기도했다. 정말 열심히 할 테니 좋은 리더와 좋은 회사를 만나게 해달라고.

"좋은 리더와 회사를 만나게 되어 감사합니다. 무엇보다 내리사랑이 기업문화로 자리 잡은 회사에서 일할 수 있어서 행복합니다. 우리 회사에는 후배들을 아끼고 사랑하는 선배님들이 많은데요. 내리사랑을 그대로 배울 수 있는 조직문화에 감사해 합니다."

김연하 이사는 현장에서 아이들을 맞춤지도하고 자기주도학습을 지원하는 업무를 맡고 있다. 아이들을 대할 때도 내리사랑을 실천하려 한다는 그녀는, 내리사랑이 성과로 연결되는 선순환 속에서 감사하고 즐거운 직장생활을 하고 있다.

사람냄새 나는 회사라서
일할 맛 난다

사람들에게 감동을 주고 싶어 하는 강동주 이사는 e상상코칭 파워잉글리시에 몸담고 있다. 1997년 6월에 첫 인연을 시작으로 현재까지 바인그룹에서 일하고 있다. 그는 바인그룹에서 일하면서 무엇보다 구성원들에게 사람냄새가 나서 좋다고 말한다.

"지금의 코칭교육부에서 일하기 시작해 대표님 비서 생활을 거쳐 20년 이상 여러 분야의 강사 활동도 하고 행사 사회도 맡으면서, 많이 성장할 수 있었죠. 미국 지사에서도 3개월 일했는데, 작은 아이를 데리고 가서 생활했어요. 정말이지 바인그룹에서 경험하지 못한 사업부가 없을 정도로 여러 부서에서 일해 보았어요. 그런 만큼 경험이 쌓이게 되었으니 저에게는 큰 행운이었죠."

비서로 일할 때에는 결혼을 하게 되어 회사를 그만두었다. 결혼 후 바로 육아를 해야 했고, 산후우울증으로 하루하루를 무의미하게 보냈다. 그러던 차에 파워잉글리시 사업부가 생겼고 다시 일을 시작할 수 있게 되었다.

불이 꺼진 무대에 한 줄기 빛이 내리는 것 같았다. 육아와 가사를 병행해야 하는 그녀를 회사는 배려해 주었다. 재택근무로 일할 수 있게 해주어 가정도 돌볼 수 있었고, 위촉직이라 직접 일을 진두지

휘할 수 있어서 일에 대한 보람도 느꼈다. 게다가 끊임없이 용기를 주는 회사 사람들에게서 사람냄새를 맡을 수 있었다. 또 이벤트 선물까지 주니 마음에 낀 먹구름이 걷히고 무지개가 피어올랐다.

"지금도 그렇긴 하지만 바인그룹의 초창기에는 특히 이벤트가 많았는데, 즐기면서 일하는 것이 좋았어요. 이벤트를 통해 기분도 좋아지고, 좋은 기분으로 일하니 일하는 게 즐거웠지요. 저는 파워잉글리시 업무가 오히려 더 잘 맞는 것 같았어요. 선천적으로 친절한 편인데, 파워잉글리시는 친절함이 필요한 업무라서 좋은 성과를 거둘 수 있었죠. 또 바인그룹은 고객에게 교육 서비스를 제공하는 교육회사이지만 그 교육을 구성원들에게 먼저 제공하므로, 구성원을 성장시키는 회사입니다. 구성원들끼리 서로 경쟁은 하지만 본인의 노하우를 자랑스럽게 공유하죠. 그래서 노하우를 제공하는 사람이나 제공받는 사람 모두에게 이로우니, 신나게 일할 수 있죠. 이렇게 신나게 일할 수 있으니 앞으로 10년은 더 다닐 계획입니다. 우리 회사는 100년이 지나도 존재할 것 같은데, 10년 후에도 분명 우리 회사에서 일하고 있을 겁니다!"

e상상코칭 파워잉글리시 강동주 이사는 해외경험이 풍부하고 영어와 중국어에 능통한 코치들을 관리하는 업무를 맡고 있다. 회원들을 지도하고 관리하는 코치들을 리쿠르팅, 교육, 관리하고 있다. 구성원들과 함께 고객성장에 기여할 수 있는 아이디어를 개발하는 일도 하고 있다.

2005년 창립 10주년 한마음 체육대회

그녀에게는 힘들었던 순간이 많았다.

"저는 2013년 10월 유방암 3기 판정을 받았어요. 그전에는 그다지 슬럼프 없이 지냈었던 것 같아요. '슬럼프에 빠져서 힘들다'고 하는 동료를 보면 안타깝다고 느꼈지만 나와는 거리가 먼 이야기 같았죠. 그러다 막상 저에게 시련이 닥치니 비로소 슬럼프가 무엇인지 알게 되었어요. 그래서 슬럼프를 겪는 이들과 공감할 수 있게 되었고, 내게 닥친 시련이 오히려 나에게 새로운 선물을 주었으니 감사하다고 생각했어요. 그러니 기적이 생기는 거예요. 지금은 몸이 많이 회복되었고, 회사에 출근해서 하루하루 신나게 일하고 있어요."

강동주 이사는 바인그룹과 함께한 지 25년이 되었는데, 한 회사에서 오랫동안 일한 것이 전혀 후회되지 않는다고 말한다.

"이곳에 다니면서 결혼도 하도 그 어느 것보다도 귀하고 사랑스런 자녀 둘이 태어났죠. 제가 회사와의 20년 동행 축하를 받던 날 제 30년 지기 친구가 이렇게 말하더라고요. '동주야, 난 네가 참 자랑스러워. 쓰러지면 다시 일어나지 못한 이들이 많은데, 내 친구 동주는 그것을 다 이겨냈잖아! 동주 너는 나의 자랑스런 친구다!' 이 말을 듣고 제가 잘살았구나 싶었죠. 쓰러져도 다시 일어설 수 있는 희망과 용기를 주는 기업문화가 있는 회사를 만나서, 내 인생이 행복하다고 생각합니다."

바인아카데미를 통해 코칭 교육을 받는 순간 그녀는 느꼈다.

'아! 내가 정말 부족한 것들에 대해 이야기하는구나!'

『상자 밖으로』라는 책을 읽는 순간, 코칭 강사가 되어야겠다는 강한 의지가 생겼다. 우물 안 개구리에서 벗어나 시야를 넓혀야겠다고 생각했다. KAC자격증을 취득하고 회사에서 강사 활동도 하면서 좀 더 신나게 회사 생활을 할 수 있었다.

코칭을 배우면서 그동안 자신이 얼마나 많은 이들에게 상처를 주었는지 반성하게 되었고, 그동안 자신이 얼마나 이기적으로 살았는지 깨달을 수 있었다. 이처럼 변화가 생기자 업무성과도 좋아지게 되었다. 파워잉글리시에서 일하면서 최고 실적을 한 번도 놓친 적이 없게 되었다. 또 아들과 딸 또는 친구들과 대화할 때도 변화를 시도하는 자신의 모습을 스스로 느끼며, 사생활에도 변화가 생기게 되었다.

그녀는 앞으로 선한 영향력을 주는 글로벌 리더가 되려 하는데, 이는 바인그룹이 추구하는 리더상이기도 하다. 강동주 이사는 그런 리더가 되기 위해서는 무엇보다 '나눔'이 필요하다고 말한다.

"자신이 가진 것을 그 무엇이든 나눠야 합니다. 필요로 하는 사람과 함께하고픈 사람과 나눠야 합니다. 사람이 성장하기 위해서는 서로 나누려는 마음이 중요하죠. 자신의 노하우가 상대에게 도움이 되길 원하면서 소통해야 합니다. 그래야 나눌 수 있는 리더, 사람냄새 나는 리더가 될 수 있지 않을까요?"

'성장'이라는
선물을 준 회사

온라인 일대일 영어회화수업을 진행하고 있는 파워잉글리시 송희정 이사는 CJ에서 신제품관련 교육을 담당하다가 20대 후반에 자기성장에 목마름을 느끼고 캐나다로 어학연수를 떠났다. 그 후 2007년 동화세상에듀코 파워잉글리시 코치로 일하기 시작했다. 바인그룹과 15년 동안 함께하면서, 매순간 성장하는 자신을 느끼고 있다. 성장의 기회를 준 회사에 감사하며 일하고 있다.

현재 파워잉글리시에서 회원들을 가르치는 일과 조직을 관리하는 일을 병행하고 있다. 코치로서 일대일로 전화 또는 화상으로 초중등 학생들에게 영어회화를 가르치고, 부서장으로서 코치들을 관리하고 있다.

다양한 학생들과 학부모들, 코치들과 만나면 싫은 소리를 들을 경우 상처를 받는 경우도 많다. "사람한테 받은 상처는 사람한테 치유해야 한다"는 말이 있듯이, 따뜻한 말로 위로해 주는 팀원들과 칭찬과 보답의 표현을 해주시는 학부모들이 있으면, 일에 대한 보람을 느낀다고 한다.

출산휴가를 마치고 3개월 후 다시 복귀했을 때였다. 계약해지를 원하는 고객이 늘었고, 일을 그만두겠다는 코치들이 생겼다. 코치들과 미팅하고 육아와 일을 병행하느라 체력적, 정신적으로 힘들기만 했다. 그때 세븐헤빗 강의를 다시 시작하게 되었고, '과연 내가 할 수 있을까'라는 확신이 없을 때 일단 강의를 하기로 마음을 먹었다. 한 주 한 주 강의를 하고 사람들과 만나면서 에너지를 받게 되었다. 7주간의 짧은 강의였지만 다시 일어설 수 있는 습관을 강의를 수강하는 사람들뿐만 아니라 자기 자신에게도 심어주게 되었다. 그래서 세븐헤빗 강의에 늘 감사함을 느끼고 있다.

그녀에게 코치로서 학생들을 가르치면서 언제 가장 큰 보람을 느꼈는지 묻자 다음과 같이 대답했다.

"파워잉글리시를 진행하면서 저 역시 파워성취감을 느끼게 되었어요. 공부를 싫어하고 특히 영어에 관심이 없었던 중2 여학생에게 영어회화수업을 가르치기 시작했는데요. 첫 만남에서 학생에게 'Hello'라고 인사했는데 학생이 무미건조하게 '네'라고 답변하는 거예요. 그 학생은 처음엔 수업에 대한 흥미가 없었지만 다양한 영어표현들을 배우면서 영어가 어렵지 않고 재밌다는 것을 알게 되었죠. 그렇게 저와 4년 동안 수업을 진행했고 고3이 되는 해에 수능에 집중하고 싶다고 해서 아쉬운 작별을 하게 되었습니다. 그리고 몇 년 후에 그 학생한테 연락이 왔는데 '선생님, 선생님한테 영어회화 수업을 듣고 영어가 너무 좋아져서 대학입학 후 어학연수로 TESOL 과정을 듣고 왔어요. 그리고 방학 때 아이들에게 영어회화를 가르치려고 준비 중이에요'라고 하는 거예요."

송희정 이사는 그 학생과 통화하면서 예전의 추억들이 떠올랐고, 자신의 수업이 한 사람의 인생에 좋은 영향을 끼칠 수도 있겠구나 싶어서 무거운 책임감을 느끼게 되었다.

지난 15년 동안 바인그룹에서 일하면서 그녀는 학벌이나 나이 등 자격이나 조건을 고려하지 않고, 누구에게나 동등한 기회를 주는 회사가 자랑스럽다고 말한다. 자신이 이루고 싶은 일을 할 수 있고, 실행한 만큼 보상을 제공하는 회사에 만족하기 때문이다. 또 끊임없이 학습하고 도전할 수 있는 회사의 교육 시스템으로 인해 매일,

매주, 매달, 매년 성장하는 자신을 발견할 수 있었다. 그녀는 앞으로 파워잉글리시에서 더욱 영향력 있는 리더가 되기 위해 오늘도 성장하고 있다고 말한다.

03

♦♦♦

춤추는 열정,
심장을 뛰게 하는 비전

리더라면 무엇보다 구성원들의
마음을 얻어야 하는데, 그러기 위해서는 어떻게 해야 할까? 구성원
들과 허심탄회하게 소통할 수 있는 조직 구조부터 만들어야 할 것
이다.

기업이나 조직의 구조는 크게 위계조직과 역할조직으로 나뉜다.
위계조직은 지위가 높은 사람이 모든 의사를 결정하고 아랫사람은
그 결정을 따르는 피라미드식 조직이다. 반면에 역할조직은 각 역
할을 맡은 사람이 의사를 결정하고, 그에 따른 책임도 스스로 지는
수평적인 조직이다.

위계조직에서는 기획, 디자인, 엔지니어링, 인사, 영업 등 모든 분

야의 의사결정을 지위가 높은 리더가 내린다. 이 조직에서는 개인의 의견보다 리더의 의견이 우선된다. 기획자가 신제품에 대한 기획안을 올렸는데, 리더의 마음에 안 들면 신제품은 출시되지 못한다. 결국 기획자의 창의성은 묵살되고 리더 개인의 의견이 반영된 가이드라인을 따르게 된다. 위계조직은 이러한 조직 문화를 회사에 막들어온 신입사원 때부터 강요한다. 이러한 조직에서는 구성원들이 리더에게 마음을 열기 힘들다.

반면에 역할조직에서는 각 역할을 맡은 사람들에게 가이드라인을 제시하지 않는다. 이 조직에서는 기획자가 디자이너에게 기획안을 건네주면 제품의 특성을 살려내는 창의적인 디자인을 스스로 개발한다. 역할조직은 각자의 역할에 따라 의사결정을 하므로 수평적인 조직이다.

역할조직의 리더는 직원뿐만 아니라 협력업체 사람들의 마음까지 얻어낸다. 예를 들어 영업을 대행하는 협력업체에게 "언제까지 거래처 몇 개를 늘려 달라"고 지시하지 않는다. 그렇게 지시하면 시키는 일만 할 수도 있고, 시키는 일도 못해낼 수도 있기 때문이다. 역할조직의 리더는 다음과 같이 말한다.

"우리 회사에서 등산복 시장에도 새로 진출하고 싶은데요. 전문가가 보시기에 어떤 제품을 판매하는 게 좋을까요?"

존 맥스웰은 『리더의 조건』에서 "사람이 따르는 리더는 다른 사람을 섬긴다"고 말했다. 상대를 섬기는 리더는 사람이 따르게 마련이다. 협력업체의 입장에서는 자신을 '전문가'로 인정해 주는 것 같으니 호감을 느낄 것이고, 좋은 의견을 자발적으로 말할 것이다. 물론 영업 역시 자신의 일처럼 열심히 하려 할 것이다. 당연히 기대 이상의 효과를 거둘 수도 있을 것이다. 존 맥스웰은 『리더의 조건』에서 다음과 같이 말했다.

"리더는 반드시 사람들을 개인적으로 대해야만 한다. 각 사람에게 눈을 맞추고 그들 각각을 이해하며 관계를 갖는 능력은 대인관계의 성공에 있어 매우 중요한 요소다."

실제로 리더와 직원들의 인간관계는 생산성에도 영향을 미친다. 하버드대학교의 엘튼 메이요Elton Mayo 교수는 미국 웨스턴 일렉트릭Western Electric 회사의 호손Hawthorne 공장에서 1927년부터 1932년까지 4차에 걸쳐 '호손 실험Hawthorne Experiment'을 실시했다.

이 실험은 원래 작업환경과 작업시간 등 물리적·육체적 작업조건과 근무조건 등 물질적 보상이 노동생산성에 미치는 영향을 분석하기 위해 실시했는데, 노동생산성은 작업조건과 물질적 보상보다는 직장 내의 인간관계에 더 큰 영향을 받는다는 결과가 나타났다.

멀리 가려면 혼자가 아니라 함께 가야 한다. 수천 킬로미터를 이동해야 하는 철새는 다른 새들과 무리를 지어 난다. 철새가 다른 새들과 함께 날아가듯 리더는 구성원들과 함께해야 한다.

잘되는 기업은 구성원과의 소통을 중요하게 여긴다. 바인그룹은 매년 수련회, 등반대회, 체육대회, 별밤축제, 송년회, 출정식 등을 통해 구성원들끼리 소통한다. 현재는 코로나19로 행사를 못하고 있지만 사내행사를 통해 구성원들의 단합과 화합을 도모할 수 있다. 그리고 행사에 함께한 사람들은 대부분 만족도가 높다. 함께 걷고, 땀 흘리며, 뒹굴면서 끈끈한 동료애가 싹트기 때문이다.

빌 캠벨은 스티브 잡스 등 실리콘밸리 CEO들의 마음을 사로잡은 코칭 전문가다. 그는 스티비 잡스가 췌장암에 걸린 사실을 누구보다 먼저 알았을 정도로 잡스의 마음을 사로잡았다.

빌 캠벨은 '부하 직원들의 안녕과 성공'을 최우선으로 여겼다. 직원들의 업무뿐만 아니라 삶에도 관심을 기울였다. 회의를 시작하기 전에 항상 스몰 토크로 대화를 시작했고, 직원이기 전에 한 명의 인간으로 사람들을 대했다. 그는 구글에 '여행 보고서' 문화를 만들었는데, 동료애를 키우기 위해 주말에 있었던 일을 이야기함으로써 회의를 시작하도록 했다.

이와 마찬가지로 바인그룹은 대부분의 회의를 서로 칭찬해 주거나 한 주간의 좋은 소식을 나누며 시작한다. 부서원들이 함께 작성하여 공개하도록 되어 있는 부서별 일정표를 공유해 업무진행을 투명화하고 업무추진력을 강화한다. 부서별 일정표를 작성하면서 다른 부서의 스케줄을 고려하기도 하므로 차질 없이 실행할 수 있다. 안타깝게도 현재는 코로나19로 온라인화되어서, 예전만큼 그 열정을 대면으로 직접 나눌 수 없어 아쉽다고 한다.

바인그룹은 구성원들이 성장할 수 있도록 여러 가지 기회를 제공하는데, 다양한 교양교육을 실시하고 매월 필독서를 지정하여 지적 능력함양에 게을리 하지 않도록 하고 있다. 또 각종 연수 제도와 행사에도 아낌없이 투자하고 있다.

코로나19 이전에는 계절별로 등반대회와 MT, 체육대회, 송년의 밤, 리더십 LT, 영화 보는 날 등 각종 모임과 행사를 통해 스트레스를 해소하고 팀워크를 다졌다. 이러한 행사를 통해 업무 의욕을 고취시키고 구성원들끼리 인간적인 정을 나눌 수 있으므로 부서 간에 친밀한 이해관계를 형성한다. 특히 매년 1회 부서별로 우수구성원을 선정하여 해외연수 및 해외여행의 기회를 제공한다.

바인그룹은 말한다.

"새로운 것을 시도하고 좋은 문화를 이어가는 것은 회사와 구성원이 함께 노력했을 때 이루어집니다. 우리 회사는 구성원과의 끊임없는 대화 그리고 구성원의 만족을 위한 회사의 서비스, 자기발전의 기회제공 등을 통해 즐거운 일터로 만들어가고 있습니다!"

함께라서
행복한 사내행사

세일즈포스닷컴은 세계 1위 고

드림포스

객관계관리CRM 플랫폼 기업이다. 이 회사가 이렇게 성장한 것은 행사 덕분이다. 2003년부터 매년 가을에 90개 나라에서 세일즈포스닷컴의 고객 및 개발자 17만 명이 샌프란시스코로 몰려온다. 소프트웨어 콘퍼런스인 '드림포스Dreamforce'에 참석하기 위해서다. 드림포스는 세일즈포스닷컴의 가장 큰 고객 이벤트이자 매년 가장 크게 벌이는 사회환원 이벤트다.

세일즈포스닷컴은 매년 드림포스를 지원하는데, 이 행사의 분위기는 종교집회를 방불할 만큼 열정적이며 서로 하나가 되어 즐긴다. 한 회사에서 독자적으로 개최하는 행사의 규모치고 엄청나게 크고, 그 영향력 또한 크기에 드림포스는 링크드인이 선정하는 세계 5대 행사에 해마다 선정되고 있다.

셀트리온은 임직원 가족이 참여 가능한 다채로운 행사를 운영하고 있는데, 매년 어려운 이웃을 돕기 위해 진행하는 김장 행사를 비롯해 사내 콘서트, 스포츠 경기 관람 등의 행사에도 가족들이 참여하고 있다. 또한 셀트리온 게스트 하우스인 '영빈관'을 활용해 무료로 가족 행사를 진행할 수 있는데, 영빈관에서 회갑, 돌잔치 등을 하는 임직원들의 만족도는 매우 높다.

바인그룹의 행사 역시 구성원들의 만족도가 높다. 회사 설립 후 첫 동계수련회를 1995년 2월 18~19일 강원도 강촌에서 개최했다. 1박 2일로 진행된 수련회의 첫날에는 각 조별로 강화 훈련을 했다. 조별로 걸으면서 노래도 부르고 구호도 외쳤다. 주변의 산악 코스를 타기도 했다. 둘째 날 수료식에서 회사는 "여러분이 너무 소중합니다. 회사는 구성원을 먼저 생각하며 여러분과 함께 앞으로 나아가겠습니다. 여러분도 목표를 세우고 끊임없이 노력하고 도전하면 반드시 이룰 수 있습니다. 함께 도전합시다"라고 힘주어 말했다.

하계수련회는 영종도 서쪽 끝자락에 있는 을왕리 해수욕장에서 전 구성원이 참가한 하계 MT를 진행했다. 백사장 위에서 함께 뒹굴고 파도가 물결치는 바다에서 물놀이도 했다. 심야에는 촛불행사도 했다. 발밑에 찰랑이는 물결 위에서 촛불을 들고, 자신을 불태워 어둠을 밝히는 촛불의 의미를 새기고 경건한 마음과 결의를 다졌다.

2001년 동계수련회

가을이 되자 단풍이 곱게 물든 북한산에서 추계등반대회를 했다. 산이 주는 풋풋한 공기와 잎새에 이는 바람의 상큼함이 얼굴에 와 닿았다. 세상에서 가장 아름다운 책은 산책이라고 했던가. 아름답게 물든 단풍을 보며 산책하면서 내 인생의 단풍은 어떻게 물들고 있는가를 생각하고, 높고 푸른 하늘을 보면서 내 마음은 하늘처럼 맑고 푸른가를 생각했다.

회사 설립 멤버들은 첫 송년의 밤을 잊을 수 없다고 한다. 회사와 가까운 중앙시장에서 장봐 온 음식을 함께 나누어 먹으며 구성원들은 올 한 해 동안 가장 잘한 일은 무엇인지 서로 이야기 나누었다. 또한 내년에 이루고 싶은 꿈에 대해서도 이야기했다.

1996년 창립 1주년 체육대회

1996년 6월 8일, 창립 1주년 기념 체육대회를 밤섬에서 개최했다. 개막식에 이어 130여 명의 전 구성원이 팀을 이루어 부서별로 경기를 했다. 에듀코의 반란 부장팀, 젊음의 낭만구조대, 연구원관리부, 삐아제 등 6개 팀이 남자 배구, 여자 피구 등의 경기를 했다. 온몸이 땀에 흠뻑 젖은 채 게임을 하는 동안 한마음 한뜻이 될 수 있었다.

1996년 12월 5~8일 해외연수를 필리핀으로 다녀왔다. 첫날 김포공항에서 출발하여 마닐라에 도착했다. 해외연수 참가자들이 3박 4일의 즐거운 일정을 마치고 김포공항에 돌아오니, 회사는 극진히 대하며 마중 나와 주었다. 그러자 해외연수 참가자들은 더 열심히 회사생활을 해야겠다는 마음이 일었다. 에듀코는 매년 한 해 동안 높은 성과를 이루어낸 구성원들에게 해외연수를 통해 휴식과 재충전의 시간을 갖도록 해주었다.

'에듀코Educo'는 라틴어로 '끌어내다'는 의미가 있다. 즉 인간의 내부에 원래 갖추어져 있는 능력과 재능을 끌어내어 확장한다는 의미다. 이 단어를 회사명으로 지은 만큼 인재양성을 얼마나 중시하는지 알 수 있다.

"우리 회사는 신입을 뽑을 때 자세를 가장 중요시합니다. 경력이나 학벌을 그다지 따지지 않습니다. 자세가 되어 있고 끼가 있는 사람이라면 얼마든지 인재로 거듭날 수 있으니까요. 능력 있는 사람보다는 회사를 가정으로, 동료를 가족으로 생각하는 사람을 원합니다."

그렇다면 바인그룹은 신입을 뽑을 때 어떤 자세를 눈여겨볼까? 바인그룹은 도전과 변화를 원한다. 변화하지 않으면 생존할 수 없기 때문이다. 바인그룹이 창업 당시부터 혁신적인 교육 시스템을 과감하게 도입하여 불황에도 불구하고 큰 성공을 거둘 수 있던 것은 도전과 변화를 추구했기 때문이다. 그래서 구성원들이 도전과 변화를 즐기고 함께 동참하기를 바라고 있는 것이다.

뜨거운 열정이
가슴에서 가슴으로

바인그룹에는 "일할 땐 일하고 즐길 땐 확실하게 즐기자"는 문화가 있다. 바인그룹 구성원들에게 여러 연중행사는 서로 뜨거운 열정을 나누고 응원하는 시간이다. 체육대회, 별밤축제, 국내외 연수, 등산, 출정식, 송년회 등 모든 행사에서 구성원 한 명 한 명이 모두 주인공이 된다. 그중에서 별밤축제는 모든 구성원이 한자리에 모여 회사업무를 잠깐 내려놓고 마음껏 즐길 수 있는 행사다. 이를 통해 구성원들은 서로를 이해하고 소통하며 마음을 나눌 수 있다.

쏠루트공교육지원사업부 임자현 팀장은 사내행사에 열정적으로 참여했다.

"체육대회나 별밤축제, 송년회 등의 행사에서 동료 또는 선후배들과 함께하면 뜨거운 열정이 가슴에서 가슴으로 이어졌어요."

동화세상에듀코는 2015별밤축제를 '별을 보고 꿈을 그리다'를 주제로 2015년 8월 28~29일 강원도 원주 오크밸리 특설무대에서 1박 2일 동안 가졌다. 첫날인 28일에는 오프닝 행사로 화려하게 막을 올렸다. 이어서 조별 UCC영상과 응원전, 조별 장기자랑 경연대회, 연예인 축하공연, 불꽃놀이, 촛불의식과 합창이 이어졌으며, 29일에는 시상식과 폐회식이 진행됐다.

학원사업부 남연숙 센터장도 바인그룹의 여러 행사 중에서 특히 별밤축제가 자신의 열정을 뜨겁게 달구어 주었다고 한다.

"별밤축제에는 '축제'라는 단어가 포함된 것처럼 늘 축제 같은 시간을 보낼 수 있었어요. 매년 진행될 때마다 그 규모가 커지는데, 그만큼 우리 회사가 커진 셈이니 뿌듯함도 느낄 수 있죠. 전 구성원이 모여 자신의 목표를 써서 적어서 다 같이 하늘에 풍선을 날리기도 하고, 열심히 준비해서 무대에 나서고, 그것을 지켜보며 박수를 보내는 시간이 너무 좋았어요. 별밤축제 마지막에는 늘 불꽃놀이가 있었는데, 너무 환상적이에요. 회사가 구성원들을 위해 이렇게 멋진 행사를 준비해 주었으니, 감사하고 감동적입니다."

100프로젝트로
공부9도를 개발하다

e상상코칭부의 광화문교육본부 박유향 국장은 현재 선인지국이라는 코치팀의 매니저를 맡고 있다. 바인그룹의 인기상품 중 하나인 공부9도를 개발했으며, 현재 공부9도 프로그램의 코치역량강화 교육을 진행 중이다. 공부 9도는 100프로젝트로 개발되었는데, 100프로젝트는 바인그룹 구성원이라면 누구나 사업성 있는 아이템이나 아이디어를 계열사 및 브랜드로 발전시킬 수 있도록 지원하는 사내 벤처 육성 프로젝트이다.

2011년 2월 바인그룹과 첫 인연을 맺을 당시에는 사명이 동화세상에듀코로 바뀐 시점이었고, 이제는 바인그룹이라는 큰 그룹사가 되었다. 처음 지인의 소개로 동화세상에듀코에서 면접을 봤을 때 "동화 같은 세상을 만들고 싶다"는 회사의 목표가 가슴에 와 닿았고, 당시에 사용하던 구사옥 곳곳에는 좋은 문구들도 붙어 있었고, 회사가 추구하는 가치관이 말로만 그치는 것 같지 않아서 '이 회사에서 뼈를 묻겠다'고 다짐했다.

그녀는 처음 취업할 당시에 '기업화된 곳에서 학생들을 가르치지는 않겠다'고 생각했다. 왜냐하면 기업은 기업의 이익을 최우선으로 추구한다고 생각했기 때문이다. 하지만 동화세상에듀코는 "선한 의지를 존중하고 선한 리더를 키우는 것"에 가장 중점을 두었고, 구성원뿐만 아니라 학생들까지 선한 인재로 키우는 것을 목표로 했다. 그래서 동화세상에듀코의 일원이 되고자 했다.

그녀는 자신은 '구성원에게 모든 가능성을 열어주고 다양한 도전을 할 수 있게 해주는' 회사의 혜택을 가장 많은 받은 사람이라고 말한다. 학생들을 가르치는 일을 하고 싶었는데 수학을 가르치는 코치로 시작했고, 나중에는 다양한 과목들까지 가르치게 되었고, 회사에서 강조하기 시작한 '코칭' 영역에도 도전하게 되었다. 그 도전이 학습코칭, 인성코칭, 진학컨설팅 등으로 이어져, 마침내 공부9도라는 회사의 새로운 프로그램을 개발할 수 있는 개발자로 합류하게 되었다. 이 프로그램의 개발자로 참여해 기본 틀을 구성하고 워크지를 개발했다.

e상상코칭부의 코치를 거쳐 수석코치, 지구장, 지부장, 국장까지 성장한 그녀는 현재 현장에서는 아이들의 전문 학습코치와 진로코치, 진학 및 입시 컨설턴트로 일하고, 교육본부에서는 국장으로서 부서장들과 함께 코치들을 교육하는 일정을 짜고, 작은 교육본부의 시스템을 구축하고 적용하는 업무를 하고 있다. 공부9도 프로그램의 코치 교육 시스템을 구축하고, 회사 전체의 코칭 역량을 강화하기 위해 노력하고 있다. 이외에도 사내벤처인 '100프로젝트'나 기타 개발 프로그램의 TFT가 열리면 함께 참여하기도 하면서 회사의 발전에 기여하고 있다.

지금도 바쁘게 일하고 있지만 박유향 국장은 팀의 수석코치로 일할 때가 가장 바빴다고 말한다. 그 시기에는 중간 간부로서 자신의 업무 노하우를 코치에게 전달하고 함께 성과를 내야 했다. 게다가 새로운 프로그램을 개발하는 데도 참여하느라 눈코 뜰 새 없이 바빴다. 하지만 그때는 업무가 많아서 피로했던 것보다 자신이 회사에서 어떤 역할을 하는 사람인지 정체성을 확립하느라 오히려 더 힘들었다.

다행히 정체성을 곧 확립하게 되었다. 결국은 회사에서 자신이 하는 모든 일들이 아이들을 성장시키는 코칭임을 깨닫게 된 것이다. 그녀는 아이들에게 매번 똑같은 방법으로 티칭하고 싶지가 않앗다. 그러면 아이들이 변화할 수 없고, 자기 자신도 성장을 멈추게 마련이다. 자신이 직접 아이들을 가르칠 때도 그렇고, 자신이 관리하는 코치들도 매번 새로운 코칭으로 아이들을 가르치게 한다면 실로 의미 있지 않을까 싶었다.

물론 그것이 여의치 않을 때도 있고, 그럴 때면 일하는 게 가장 힘들다. 하지만 힘들다고 포기하기는 싫다. 회사에서 다양한 교육을 받고 스스로를 더 발전시키고 다양한 영역에 도전하면서 난제가 풀리게 되었다. 단순히 영어, 수학 등 하나의 과목만 티칭하는 것이 아니라 코칭하는 방식으로 아이들을 대하자 학부모들과 아이들로부터 감사 인사를 듣게 되었다.

그 후로 코치들도 과목 하나를 가르치는 데 그치지 않고, 다양한 것을 코칭해 주는 진정한 코치로 거듭났다.

"우리 팀의 코치가 한 과목만 맡은 코치에서 공부9도 코치로 학습코칭의 전문가로 성장하고, 입시컨설턴트에 도전하고 성취해 나가는 모습들을 지켜보며 제가 하는 일에 보람을 느꼈죠. 그 순간 일하면서 느꼈던 모든 어려움들이 사라진 것 같았어요."

바인그룹은 구성원의 성장을 도모하고 도전을 응원해 주는 회사다. 구성원이 크고 작은 성취를 이룰 때 회사는 구성원의 성취를 함께 공유하고 축하한다.

공부9도는 고객들로부터 좋은 반응을 얻었는데, 그녀는 이러한 성취보다 공부9도를 개발하는 데 참여할 수 있어서 보람 있다고 말한다.

"회사에 들어온 지 10년차에 교육 프로그램을 개발할 수 있는 기회를 얻게 되었는데, 회사가 제공하는 많은 교육과 청소년 코칭과 학습 코칭의 노하우 등을 모아서 공부9도 프로그램을 개발할 수 있었어요. 대개 규모가 큰 교육회사의 경우 하나의 업무만 맡는 경우가 많은데, 바인그룹에서는 구성원들의 노하우를 다른 프로그램을 만드는 데 활용하거나 그것을 코치들에게도 공유합니다. 그러니 구성원들의 업무는 업무에만 그치지 않죠. 그것이 우리나라의 청소년 교육에 새로운 방향을 제시할 수 있으므로 정말 큰 성취감을 느낍니다."

박유향 국장은 공부9도를 통해 학부모들을 만났는데, 많은 학부모님들이 "이렇게 좋은 프로그램이 있는 줄 몰랐고 정말 최고"라고 이야기해 주어서 성취감을 느꼈다고 말한다. 단순히 학습 내용을 전달하는 데 그치지 않고 자기 자신에 대해 깊게 생각하는 진로 및 습관 코칭을 기반으로 학생들 각자에게 적합한 학습코칭이 이루어지고, 그로 인해 정말 아이의 역량이 실질적으로 성장할 수 있도록 해주는 프로그램이 공부9도다. 그녀가 회사에서 경험한 수많은 리더십 교육과 코칭 덕분에 만들 수 있었던 프로그램이고, 이 프로그램에 대한 고객의 만족도가 높으니 더 열심히 일하고 싶을 수밖에.

100프로젝트

구분	사업 프로젝트 및 부서	세부사항	최초 아이디어 발의자
교육 서비스	상상코칭부[1998년~]	홈스쿨(방문수업)	CEO
교육 서비스	파워잉글리시[1999년~]	국내 영어회화 전화&화상수업	CEO
교육 서비스	사이버스쿨[2000년~]	e상상코칭(온라인 화상수업)	양복렬 COO
교육 서비스	파워CHINA(중국 북경)(중국어 회화)[2006년~]	중국어회화 전화&화상수업	양복렬 COO
전자상거래	다본인터내셔널(고려진생)[2006년~]	고려진생, 유통, 무역, 복합쇼핑몰	CEO
교육 서비스	파워USA(미국 메릴랜드)(원어민 회화)[2007년~]	원어민 영어회화 전화&화상수업	양복렬 COO
교육 서비스	여성코칭부[2011년~]	마케팅 및 방문 화상 학습지	CEO
교육 서비스	쏠루트 교육지원사업부(공교육 지원, 방학 캠프)[2012년~]	학교 진로, 인성, 특성화고 취업교육	김광섭 상무
인재 양성	온라인 마케팅[2013년~]	온라인 블로그 마케팅	이창동 상무/우경수 본부장
교육 서비스	와와코칭센터(학원사업)[2015년~]	교과목 관리 및 코칭학원	CEO
부동산 자산운용	르미에르 오피스텔(한국)[2016년~]	오피스텔 임대사업	CEO
보관 및 창고업	물류센터 임대사업[2017년~]	재고 보관, 관리 및 출고 대행 사업	박용규 부사장
부동산 자산운용	르미에르 오피스텔(일본 오사카)[2017년~]	일본 현지 오피스텔 임대사업	CEO
부가통신업	다세이브(전자세무 경리회계, 렌탈)[2018년~]	VAN 결제 및 렌탈사업, 셀프 세무기장 서비스 및 경리 아웃소싱 서비스 사업	양복렬 COO

부가통신업	디세이[이브결제플랫폼사업]	온/오프라인 결제 플랫폼 사업	김영환 본부장
교육 서비스	파워JAPAN(일본어 화화)[2018년~]	일본어회화 전화&화상수업	김혜정 팀장
호텔업	호텔 바인 오사카 기타하마 (일본 오사카)[2019년~]	일본 현지 호텔 사업	김관섭 상무
교육 서비스	진학 컨설팅[2019년~]	진로/진학/입시 온라인 컨설팅	CEO
교육 서비스	유아 학습지 초중등 논술, 수학 [2019년~]	유아/초등/중등 레벨별 논술/수학 학습지	최경희 이사
투자 사업	글로벌 벤처 기업 투자[2020년~]	벤처 기업 투자 글로벌 기업 가치 투자	CEO
교육 서비스	공부9도[2020년~]	온라인 자기주도학습 및 플랜 코칭	CEO
부동산자산운용	빌딩 임대 사업[2020년~]	부동산 빌딩 임대사업	CEO
AI시스템	코칭AI(코칭어시스턴트)[2021년~]	AI분석 기반 코칭화차 리포트 및 학생성향 파악으로 활용한 코칭	박채경 상무/김선일 팀장
교육 서비스	더블유플러스[2021년~]	수학전문학원	유재훈 상무
교육 서비스	공무원 시험 준비(에듀윌)[2021년~]	공무원 시험 준비 학습 상품	CEO
교육 서비스	온 코치 채용[2021년~]	온라인 마케팅 코치 및 수업관리 코치 리크루팅	김영태 팀장
교육 서비스	방문 공부9도[2021년~]	오프라인 자기주도학습 및 플랜 코칭	김재민 국장
교육 서비스	내방 공부 9도[2022년~]	학원사업부에서 진행하는 오프라인 공부9도 프로그램	유재훈 상무
교육 서비스	온라인 학원 운영[2022년~]	1:다수로 진행하는 e상상공작 온라인 학원	장희석 국장
교육 서비스	e상상공작부 온&오프 수업 [2022년~]	방문&화상 수업 병행 상품	배성우 상무

승승 아니면
무거래

바인아카데미 교육 중에서 박유향 국장이 가장 많이 활용하고 있는 교육은 세븐헤빗이다. 좋은 습관을 갖추어 선한 영향력을 끼치는 사람으로 성장하는 데 도움을 주는 교육이다. 이 교육에서 권하는 '소중한 것을 먼저 하라'는 습관은 실제 업무에 활용할 수 있었고, 학생들과 코칭을 진행할 때도 큰 도움이 되었다. 또 공부9도 프로그램을 개발할 때도 도움이 되었다. 세븐헤빗에서는 '승승 아니면 무거래'도 권하는데, 이는 "나와 상대가 모두 승승할 수 있는 게 아니라면 거래하지 않는다"이다. 이것을 가슴에 새긴 그녀는 항상 서로 승승할 수 있는 방법에 대해 생각하는 습관을 갖게 되었다.

공부9도는 바인그룹의 사내벤처인 '100프로젝트'로 탄생한 교육 프로그램이다. 박유향 국장은 '승승 아니면 무거래'를 공부9도를 개발할 때도 실천했다. 좋은 프로그램을 개발하면 자기 성장도 할 수 있고, 좋은 교육을 제공해 주면 고객에게도 이롭다고 생각한 것이다. 그녀는 회원들을 진단하고 그에 맞게 진로, 습관, 학습 코칭을 진행할 수 있는 프로세스를 만들었다. 이 프로그램에 부합하는 교육 역량을 위해 갖추기 위해 바인그룹 코치들을 교육하고, 학생 참여형 워크지를 여러 개발자들과 함께 개발했다. 공부9도 프로그램을 홈쇼핑에서 판매할 때는 직접 출연해 코칭 프로그램을 소개했다.

지금도 그녀는 공부9도 프로그램의 추가 워크지 개발에 참여하고 있고, 공부9도를 진행하는 코치들을 대상으로 더 수준 높은 코칭을 제공하기 위한 스페셜코치 과정 중 프로 과정을 8기까지 교육하고 있다. 계속해서 이 프로그램을 발전시킬 예정이다.

"제가 담당하고 있는 학부모님들은 다양한 직업이 있으시고, 전문성을 가진 분들입니다. 그분들이 항상 하시는 말씀이 코칭 덕분에 마음이 편안해졌고, 우리 아이가 성숙해져서 정말 만족스럽다고 하십니다. 우리나라에서 사교육이라고 하면 국영수 등 주요과목의 성적을 올리는 것이 전부인 줄 압니다. 또 사교육이 학부모에게 금전적으로 큰 부담도 됩니다. 하지만 저는 바인그룹이 그런 사교육시장에서 아이들의 인성과 감정을 어루만져주고, 아이가 진정으로 원하는 미래를 고민할 수 있는 길을 열어주었다고 생각합니다. 그리고 제가 일선에서 맡고 있는 공부9도가 그 길을 여는 데에 큰 역할을 하고 있다고 생각합니다. 공부9도를 계속해서 발전시킬 겁니다."

자유롭게 스스로의 삶을 창조해가다

바인그룹은 협업이 자유롭게 이루어지는 회사다. e상상코칭부는 현장에서 실제 회원들을 만나는 코치를 관리한다. 관리부서에 해당하는 이 부서는 현장 매니저들과 수시로 미팅하고, 필요할 때마다 자연스럽게 TFT를 구성해 의견을 듣는다.

예를 들어서 현재 시행하는 제도의 어떤 부분을 수정하고 싶을 때, 또는 회사에서 어떤 프로젝트나 이벤트를 기획할 때 가장 효과적으로 성과를 낼 수 있는 방법에 대해 현장에서 직접 회원을 만나는 구성원들과 수시로 미팅을 한다. 그리고 다양한 아이디어들을 나누며 자연스럽게 협업이 이루어진다.

바인그룹에는 서로를 존중하고 의견을 충분히 들어주는 관리자와 리더들이 많기 때문에 회의도 자유로운 방식으로 진행되고, 서로 의견을 충분히 나눈다. 프로젝트를 함께 진행할 때는 다른 구성원들의 의견을 취합해 간결하게 정리하도록 한다. 편견이나 오해가 없도록 하기 위해서다. 그리고 함께 해야 일과 각자 해야 할 일을 구분하고 그와 관련된 지침을 함께 정하는 편이다. 또 온라인 미팅을 활용해 원거리에 있는 구성원들끼리도 함께할 수 있으므로, 회의에 많은 시간을 할애하지 않아도 된다.

박유향 국장은 신입코치 시절에 현장에서 고객을 만나다 보니 이런저런 스트레스로 건강이 안 좋기도 했다. 스트레스를 줄이는 좋은 방법이 없을까 고민했는데, 해결방법을 자기 자신에게서 찾아야 한다는 것을 깨달았다. 문제가 생긴다면 자신이 원하는 것이 무엇인지부터 생각해야 한다. 그리고 자신이 원하는 것을 얻기 위해서는 상대방과 어떻게 대화하고 어떤 방식으로 일해야 하는지를 생각한다. 원하는 결과를 얻기 위해 자신이 어떤 태도를 취해야 할지를 생각하면, 생각보다 문제를 쉽게 해결할 수 있다.

이렇게 하나하나 문제를 해결하다 보니 고객으로부터 싫은 소리보다 좋은 소리를 더 많이 듣게 되었다.

"코칭을 배우고 적용하면서 학생들과 학부모들에게 선한 영향력을 끼쳐왔고, 지금도 그 영향을 끼치고 있다고 생각합니다. 또한 공부9도 프로그램의 코치 양성을 꾸준히 진행하면서 그런 영향력을 끼치는 코치들이 점점 늘어나고 있는 것 같아서 리더로서 큰 보람을 느낍니다."

박유향 국장은 공부9도 스페셜 코치들을 대상으로 각각 교육을 이수한 단계에 맞춰 BASIC, PRO, MASTER 코치들의 오픈톡방을 운영하고 있다. 그 오픈톡방에서 서로의 코칭 사례를 공유하고, 학생들에 대한 고민을 서로 나누며 의견을 주고받는다.

얼마 전에 그 방에서 "자퇴를 결심한 학생이 있어 학부모가 걱정하시는데, 이런 상황에서 코치가 어떻게 역할을 할 수 있을지"를 묻는 글이 올라왔다. 그 방의 많은 코치들이 각자의 의견을 내면서, 자기 일처럼 학생의 미래를 고민하며 다양한 학생들의 이야기를 들려주었다. 이런 상황에서 코치가 학부모에게 해줄 수 있는 말과 학

2019년 학생, 학부모 세미나. 동화세상에듀코는 학생과 학부모를 위한 세미나를 자주 개최한다.

생에게 해야 할 질문들에 대해서도 다양한 의견이 올라왔다.

박유향 국장은 대학을 졸업한 학생들과도 연락하고 만나곤 한다.

"제 회원이었던 아이가 '대한민국에서 정말로 학생을 생각해 주는 교육기업은 동화세상에듀코라고 생각해요'라고 했을 때 선한 영향력이란 이런 거구나 싶었죠. 바인그룹의 수많은 선후배와 사례를 공유하며 배운 것들이 코치에게도 전해지고, 그 코치들이 많은 학생에게 그 영향력을 끼치고 있는 것을 생생하게 확인하는 것이 정말 큰 보람이고 기쁨입니다."

일대일 코치로 아이들을 가르치고, 청소년 코칭도 진행하고, 공부9도도 개발하고, 입시 및 진학 컨설팅도 진행하고, 많은 학부모들도 만나왔다. 그리고 수없이 많은 상담을 진행해 왔는데, 10년이 넘도록 비슷한 고민과 걱정들로 울기도 하는 학부모들을 만나왔다.

그녀는 최근에 그런 고민에 대한 상담들을 잘 정리해 책을 쓸 생각도 하고 있다. 구체적인 사례들을 모아서 책을 출간해 많은 코치들과 학부모들에게 공유할 계획이다. 이외에도 교육 및 상담 계열의 석사학위를 받을 계획이고, 대한민국 교육계에 좋은 영향력을 끼치는 사람으로 성장하고 싶다고 한다. 자유롭게 일하며 스스로의 삶을 창조해 나가고 있는 것이다.

아이들이 꿈을 찾을 때 행복하다

필자는 여러 기업에서 강의하면서 매일 반복되는 지루한 업무로 성취감을 못 느끼는 직원들이 많다는 것을 알 수 있었다. 채용할 때만 해도 분명히 창의적이고 주도적이었던 직원들도 회사생활이 무미건조해지고 퇴근 시간만 기다리곤 한다. 리더라면 이 문제를 어떻게 해결해야 할까? 직원들의 열정을 되찾아줄 수는 없을까? 그들 속에 잠재된 역량을 혁신적으로 끌어올릴 방법은 무엇일까?

『그 회사는 직원을 설레게 한다』의 저자 대니얼 케이블은 이 질문에 대한 해답을 인간의 본성에 대한 과학에서 찾았다. 놀이와 게임에 몰입하는 원리인 두뇌의 탐색 시스템에서 그 해답을 찾은 것이다. 일단 탐색 시스템이 활성화되면 직원들은 이전과는 다른 방식으로 일하기 시작한다. 날 새는 줄 모르고 취미 활동에 매달리듯이 업무를 흥미로운 것으로 바라보고 몰입하기 시작하는 것이다. 탐험, 실험, 학습은 계속 반복된다. 이 과정을 통해 직원들은 자신이 어떤 강점이 있는지를 파악하고 이를 업무에 적용하게 된다. 자기가 무엇을 잘하는지도 모른 채 영혼 없이 일하는 것이 아니라 자기 강점을 매일 사용하며 극도로 몰입하는 하루하루를 보내게 되는 것이다.

광주에서 일하고 있는 남현주 이사는 바인그룹에서 자신이 하는 일들이 자신을 설레게 한다고 말한다. 아이들이 꿈을 찾아가는 모습을 지켜보면서 업무에 흥미를 느끼고 있다. 바인교육의 교육 프로그램을 통해 업무에 몰입하는 지혜를 배웠고, 강점을 강화하는 법도 배웠다.

2001년에 바인그룹과 첫 인연을 맺게 된 남현주 이사는 어렸을 때부터 선생님이 꿈이라서 사범대에 입학했다. 그런데 졸업할 당시에 IMF의 후폭풍으로 임용고시를 볼 기회가 없었다. 그러다가 교육 관련 업무를 알아보게 되었고 동화세상에듀코에 들어오게 되었다.

학생들을 가르치는 일에 보람을 느낀 그녀는 일에 대한 만족도도 높고, 무엇보다 여성이라고 차별하지 않고 리더로서 실력을 마음껏 발휘할 수 있는 기업문화가 마음에 들었다. 그래서 20년 이상 함께 일할 수 있었다.

현재 남현주 이사는 교육자이자 리더로서 일하고 있다. 학생들이 자기주도학습을 하면서 스스로 공부를 할 수 있는 힘을 가질 수 있도록 코칭하고 있으며, 리더로서 전국의 교육본부들을 다니면서 업무 노하우를 알려주고 있다. 광주에서 4개의 와와학습코칭센터를 운영하고 있으며, 전국 곳곳에서 일하는 코치 후배들을 인재로 성장시키기 위한 교육들을 책임지고 있다.

그녀는 육아와 일을 병행하느라 힘겨울 때도 있었지만 업무시간을 유연하게 선택할 수 있는 탄력적인 업무환경 덕분에 일도 육아도 잘해낼 수 있었다. 그리고 여동생이 같은 회사에 다니고 있어서 많은 도움을 받았고, 친정 부모님과 남편 등 가족들의 도움을 받아서 운이 좋았다고 말한다. 그리고 자신과 비슷한 처지를 겪은 선배들이 자신을 이해해 주고 도움을 주어서 그 시기를 잘 극복할 수 있었다.

"우리 사회에서 여성이 직장생활을 하기 위해서는 많은 사람들의 도움이 필요한데, 그런 점에서 우리 회사는 여성들이 일하기 좋아서, 회사에 감사하고 자랑스럽습니다."

바인그룹의 다른 구성원들과 마찬가지로 그녀 역시 아이들이 자신을 믿고 함께 공부를 하면서 진로를 찾고, 원하는 대학에 붙었을 때 가장 기뻤다고 말한다. 그녀는 "꿈이 없다"고 말하는 학생을 만

2013년 일산 물류센터 오픈

나면 정말 안타까웠다. 학습도 중요하지만 학생들과 함께 꿈을 찾으려 했고, 학생들이 자신이 원하는 진로를 찾게 될 때는 보람을 느꼈다.

교육에 투자하는 비용이 어느 가정이든 큰 비중을 차지하는 만큼 바인그룹의 코치들은 최선을 다해서 수업하려고 노력한다.

"학부모들이 지불하는 교육비는 참 많은 의미를 담고 있는 것 같아요. 그 의미에 대해 학생들과도 이야기 나누면, 학생들도 학습에 좀 더 매진하게 됩니다."

매주 다른 지역으로도 교육을 하러 다니는데, 많은 후배들이 시행착오를 줄였으면 하는 마음이 크다.

"전국에 교육센터가 처음 생겼을 때 사실 저도 막막했지요. 저보다 더 경험이 없는 후배들이 어려움을 겪는 것을 지켜보며 마음이 무겁더라고요. 지금은 많은 후배들이 전국에서 직영센터들을 운영하면서 점점 자리를 잡아가고 있고, 재능이 많고 훌륭한 리더들이 늘어나는 것 같아서 보람을 느낍니다."

여자 이순신, 내 인생은 내가 주도한다

그녀는 바인아카데미의 교육이 큰 도움이 되었다고 말한다. 그중에서 특히 3가지 교육이 기억에 남는다고 한다.

그녀가 처음 받은 교육은 세븐헤빗이다. 소심한 편이었던 그녀는 성공하는 사람들의 7가지 습관 중 첫 번째 습관인 '자신의 삶을 주도하라'를 가슴에 새기게 되었다. '내 인생을 내가 주도할 때 진짜 내 인생이구나'라고 느끼면서 중요한 선택의 순간에서 결정을 내리는 데 큰 도움이 되었다. 성공하는 사람들의 7가지 습관은 업무를 해나갈 때도 적용할 수 있었다.

그녀가 두 번째로 꼽은 교육은 '액션스피치'다. 대화의 기술이 부족했던 그녀는 이 교육을 들으면서 말을 할 수 있는 용기를 가질 수 있었고, 어떻게 말해야 하는지에 대해서도 배울 수 있었다. "예전에는 그냥 말을 했다면, 이 교육을 받은 이후에는 제가 말하고 싶은 내용에 스토리텔링을 담아서 인상적으로 말하게 되었어요."

이처럼 대화의 기술이 향상된 그녀는 팀원들을 대할 때도 그 능력을 유감없이 발휘한다. 상대로 하여금 공감을 이끌어내는 대화법으로 후배들이 선한 영향력을 주는 인재들로 성장하기를 응원하면서, 인재 한 명 한 명의 개성을 특화하려고 노력한다.

"팀장들과 매주 30분간 회의를 통해 서로 소통하는데, 우리가 하는 일들이 코치들에게까지 잘 전달되도록 설명할 때도 대화법이 중요한 것 같아요."

바인그룹에서 이사가 될 수 있었던 이유에 대해 묻자 학습문화 덕분이라고 말한다.

"업무적으로 무기력해지거나 에너지가 좀 더 필요할 때마다 바인 아카데미의 교육을 들으면서 성장할 수 있었어요. 우리 회사는 학습만큼은 그 어떤 회사와 경쟁해도 절대 뒤지지 않을 거예요. 글로벌기업들과 비교해도 바인그룹 구성원들의 학습량은 손색이 없습니다. 학습은 자신감으로 이어지고 긍정의 마인드를 갖게 해주죠. 학습을 통해 자기 성장을 하고, 도전의식을 키울 수 있죠."

초일류기업 구글이 선호하는 인재의 기준 중 하나는 '구글다움'이다. '구글다움'은 재미있는 사람, 흥이 많은 사람, 호기심이 많은 사람, 계속 학습할 의향이 있는 사람이다. 구글은 기술력이 뛰어나고 머리가 좋은 것도 중요하지만 지속적으로 긍정적인 마인드로 스스로를 발전시켜 나가는 인재를 선호한다. 그리고 자기를 성장시키기 위해 학습하는 인재를 선호한다.

바인그룹은 구글 못지않게 학습하는 인재를 선호하는데, 남현주 이사 역시 자기를 성장시키기 위해 끊임없이 학습하다. 그녀는 회사에서 '여자 이순신'이란 별칭으로 불린다. 타인에 의해 자신의 신념이 흔들리지 않고, 좌절과 혼란에 휘둘리지 않으며 불가능에 도전하기 때문이다.

앞으로 그녀는 자신의 육아 경험을 직장맘들에게 코칭을 통해 도움을 주고 싶다고 말한다.

"바인그룹의 다양한 계열사들 중 하나를 직장맘을 위한 회사로 만들어보고 싶습니다! 또 청소년들이 올바르게 성장하는 데도 기여하려고 합니다. 특히 광주 지역의 학생들이 더 많은 가능성을 펼칠 수 있도록 노력하겠습니다. IT기술이 점점 발달하고 있지만 그럴수록 인간의 능력에 더 집중해야 한다고 생각해요. 핸드폰과 반도체를 제조하는 우리 기업들이 세계 최고가 되었지만 인간의 가능성을 키우는 바인그룹 역시 최고의 글로벌기업이 될 수 있다고 생각합니다."

좋은 리더가
좋은 리더를 만든다

좋은 인연을 만나면 큰 행운이다. 좋은 직원을 만들고 싶으면 내가 먼저 좋은 리더가 되어야 한다. 좋은 리더가 좋은 직원을 만들고, 더 나아가 그 직원을 좋은 리더로 성장시키기 때문이다.

바인그룹에서 10년째 일하고 있는 코칭교육부 청주교육센터 해솔부를 맡고 있는 우경수 본부장은 이름만 들으면 남성 같지만 여성이다. 20대 때 가난에서 벗어나고 싶어 돈을 투자했다가 오히려 1,500만 원의 빚이 생겼다. 더욱 가난해지고 삶이 비참해질 무렵, 2012년 8월 27살의 나이에 바인그룹에 들어왔다. 그때 코칭교육부 청주교육센터에서 이창동 상무와 함께 일하게 되었고 지금은 10년차가 되었다.

사람을 믿고 투자했다가 상처받은 기억들 때문에 사회에서 만나는 사람들을 믿지 못하게 된 그녀를 이창동 상무는 하나부터 열까지 이끌어주었다. 생각과 태도, 습관, 일을 잘하는 방법, 어려움을 극복하는 방법, 성장하는 방법 등 많은 것들을 가르쳐주었다. 그녀는 이창동 상무를 믿고 따르게 되었고, 자신도 몰랐던 잠재력을 조금씩 발견해 나가기 시작했다.

회사의 다양한 정책과 프로모션을 통해 작은 성공들을 경험했고, 바인그룹의 자랑인 바인아카데미 교육 중 브라이언 트레이시 인터내셔널이 개발한 '피닉스리더십'과 '피닉스마케팅' 교육을 접하게 되었다. 이 교육을 통해 그녀는 '내 인생은 내 책임'임을 깨닫게 되었고, '축적의 법칙', '기대의 법칙', '슈퍼의식', '통제의 법칙' 등을 배우게 되었다. 이 교육을 자신의 삶과 일에 적용해 보자고 결심했다. 그랬더니 모든 것이 변하기 시작했다. 성과를 거두고, 연봉도 크게 올랐다. 그리고 무엇보다 의식이 많이 성장했다. 의식이 성장하자 회사에서도 집에서도 사는 맛이 났다.

그녀는 바인그룹의 다양한 상품을 홍보하고, 고객을 관리하는 업무를 담당하고 있다. 그리고 이런 업무를 하는 구성원들을 관리하고 성장시키며, 성과를 이끌어내는 부서장도 맡고 있다. 좋은 리더를 만나 좋은 팀원이 되고, 더 나아가 좋은 리더로 성장한 것이다.

물론 그녀도 회사생활이 순탄하지 않았던 적이 있었다. 바인그룹에서 일한 지 얼마 안 된 3년차 때, 그녀는 일 잘하기로 소문났고 회사가 제공하는 많은 보상들을 경험했다. 열심히 일하니 금전적으로도 충분히 보상받았고, 해외여행도 시켜주고, 현금시상금도 지원해주고, 강사에도 도전할 수 있는 기회를 제공받았다. 그런데 4년차가 되었을 때 위기가 닥쳤다.

"바인그룹과 함께한 지 4년차쯤 되었을 때, 부서장으로 승격할 수 있는 기회가 있었죠. 막상 승격 기간이 다가오니 '내가 잘할 수 있을까?', '내가 첫 상사로 만난 이창동 상무님처럼 좋은 리더가 될 수 있을까?' 하는 자기 의심이 엄습하는 거예요. 또 제 업무 노하우를 후배들에게 종종 알려주었는데, 어느 순간 자만심에 빠져서 학습을 게을리 하고 안주하는 제 자신을 발견했어요. 그 사이에 저보다 성과를 많이 내고 성장하는 후배들을 보니 큰 위기를 느꼈습니다. 그러자 자신감을 잃었고, 제가 부서장으로 성장할 수 없다고 생각했죠. 그때 이창동 상무님이 저에게 또다시 용기를 주셨고, 저는 다시 시작할 수 있었어요. 부서장으로 승격한 이후로는 한 번도 자신을 의심하지 않고 목표에 집중하게 되었답니다."

그녀는 당장의 성과를 올리는 것보다 회사에 필요한 사람이 되겠다고 결심한 덕분에 부서장이 될 수 있었다. 회사의 배려로 13개국의 해외연수를 다녀올 수 있었고, 여러 번이나 시상금을 받았고, 회사에서 주는 다양한 공로패를 받았다. 그리고 부서장이 된 그녀는 "나로 인해 함께하게 된 해솔부의 코치들을 회사의 인재로 성장시킨다"는 것을 목표로 리더십을 펼치고 있다. 구성원들 역시 당장의 성과를 거두기보다는 회사에 필요한 인재로 성장하기 위해 노력하고 있다. 현재 그녀의 부서에서 일하던 구성원들 중에서 부서장으로 승격한 사람이 1명 배출되었고, 올해도 1명이 추가로 배출될 예정이다.

우경수 본부장은 현재 피닉스리더십, 피닉스마케팅, 디지털트렌스포메이션의 강사를 맡고 있다. 브라이언 트레이시의 피닉스 교육의 강사에 도전한 이유는, 피닉스의 교육을 삶과 업무에도 적용시키고 싶었기 때문이다.

"세븐헤빗의 5번째 습관은 '먼저 이해하고 그 다음에 이해시켜라'입니다. 이 말을 기억한 저는 저부터 먼저 이해하고 싶어서 피닉스리더십 강사에 도전하게 되었고, 피닉스 교육 전체를 이해하고 싶어서 피닉스마케팅 강사에도 도전했답니다. 피닉스 교육을 통해 접한 마음의 법칙을 제 인생의 철칙으로 삼고, 힘든 일이 있을 때마다 그 마음의 법칙을 활용하여 하나씩 헤쳐 나가고 있습니다. 바인그룹을 만나기 전에는 목표도 없으면서 무작정 막연하게 잘살고 싶어 했습니다. 바인그룹에서 피닉스리더십의 강사가 되면서 왜 제 삶과 일을 일치시켜야 하는지, 목표를 세우는 것이 얼마나 중요한지, 내 책임은 선택이 아닌 필수라는 것, 변하지 않는 자연법칙이 있다는 것을 알게 되었습니다. 뚜렷한 목표와 원칙이 있고, 제 삶을 책임지는 삶을 살게 되었습니다. 그러자 제 연봉은 5배 이상 올랐습니다. 제 인생을 바꿔준 우리 회사에 너무 큰 감사를 느낍니다."

바인그룹에서 처음 일할 때 고객과 직접 전화통화를 하고, 방문 상담하며, 전단지 등을 돌리는 마케팅 방법에 한계를 느꼈던 그녀는 온라인마케팅을 접하게 되었다. 처음에는 잘 몰라서 모르는 대로 시도하면서 배우자고 생각했다. 블로그와 SNS 등을 통

키포인트 – 카카오톡채널

1. 카카오채널이란?

- 카카오가 만든, 메세지광고 컨텐츠
- 쉽게 만들 수 있는 비즈니스 홈페이지로 다양한 콘텐츠를 고객들에게 홍보 및 성과로 이끌어 낼 수 있는 채널 (동영상, 사진, 광고자료홍보, 메세지광고, 공지 등 활용가능)

Copyright 2021 ⓒ CheongjuEducationcenter

디지털트렌스포메이션 강의

해 회사 상품을 홍보하기 시작했고, 그렇게 꾸준히 한두 달 해보니 점차 성과로 연결되었다. 자신을 다그치지 않고 기다려준 이창동 상무, 마케팅 전략을 함께 세워준 첫 상사 덕분에 온라인마케팅 능력을 향상시킬 수 있었다.

이렇게 온라인마케팅 역량을 향상시킨 그녀는 디지털 시대의 변화에 대비하는 디지털트렌스포메이션이라는 강의를 개발하게 되었다. 이 강의는 현장에서 일하는 코치들에게 업무에 활용할 수 있는 디지털 도구들을 학습시키기 위해, 청주교육센터에 있는 10명의 부서장이 각자의 전문분야를 맡아 개발한 것인데, 강의로도 확장된 것이다. 현재 이 강의는 바인아카데미의 주요 교육 중 하나로 채택되었다.

"현재 청주교육센터는 매주 부서장들이 함께 모여 센터의 더 나은 방향, 신상품활성화 등과 관련된 아이디어를 냅니다. 우리는 함께 고민하고 실행하는 문화를 가지고 있습니다. 제 능력만으로 성장하고, 조직을 이끌어 가는 것은 정말 쉽지 않은 것 같습니다. 하지만 서로에게 배우는 환경을 조성하고 함께 고민하는 동료와 상사, 후배가 있다면 조금 더 멀리 갈 수 있는 것 같습니다. 저는 바인그룹에서 '승승'을 배웠습니다. 진정으로 승리하려면 상대도 승, 나도 승을 해야 합니다. 함께하는 협업을 통해 우리는 '승승'할 수 있습니다."

우경수 본부장은 협업의 중요성을 이야기했는데, 초일류기업들은 협업을 실천한다. 셀트리온의 서정진 명예회장은 "혼자서만 똑똑한 인재는 회사에 재앙"이라고 말한다. 자기 분야에서 최고가 되는 데 그치지 않고 함께 협업해야 더 크게 성장할 수 있다고 생각하는 것이다.

그런데 우경수 본부장은 구성원들과 고객이 힘들게 하거나, 일에 지칠 때는 혼자 있는 시간을 갖는다. 매일 3~4시간가량 혼자만의 시간을 확보하려고 노력한다. 혼자 있는 시간은 충전의 시간이 되고, 내면을 더욱 강하게 만들어주기 때문이다. 아이디어가 잘 떠오르지 않고, 답답함을 느낄 때는 여행을 떠나 새로운 생각을 채워 오려고 한다. 새로운 장소에서 새로운 생각이 떠오르기도 하기 때문이다.

이 방법은 일본의 베스트셀러 저자 사이토 다카시가 『혼자 있는 시간의 힘』을 통해 권하는 방법이다. 지금은 교수이자 유명 저자가 되었지만 사이토 다카시는 서른 살이 넘도록 변변한 직업이 없었다. 그는 재수 생활을 시작한 열여덟 살부터 첫 직장을 얻은 서른두 살까지 철저히 혼자만의 시간을 보냈다. 성과가 당장 눈앞에 나타나지도 않았지만 그는 자신을 믿으며 혼자 있는 시간을 꾸준히 가졌다. 그러자 어느덧 그는 자신이 목표로 한 일들을 하나씩 이루었고, 교수가 되고 작가가 될 수 있었다.

사랑이 깃든 일은
영원하다

호주 연수를 마치고 취업을 준비하던 권희화 이사는 2009년 바인그룹을 만났다. 현재 e상상코칭부와 학업사업부에서 코치들을 리쿠르팅하고 교육하고 있으며, 오산, 수원, 화성 지역에서 총 4곳의 와와학습코칭센터를 운영하고 있다.

"지난 13년을 되돌아보면 추우면 추운 대로, 더우면 더운 대로 학생들의 집을 방문하는 것이 쉽지 않았습니다. 하지만 육체적으로 힘들더라도 아이들을 코칭하며 나름의 성취감과 보람을 느낄 수 있었고, 동료와 선후배가 있어 다시금 힘을 낼 수 있었고, 그 시간들이 모여 지금의 저를 만들었습니다."

코치로 일하다 부서장이 되어 조직을 관리하고, 지금은 학원장이 되어 학원을 운영하는 동안 두 번의 출산과 육아를 하느라 일과 양육을 병행해야 했다. 돌이켜보면 힘들기도 했지만 즐겁고 행복한 시간이 더 많았다. 회사의 배려 덕분에 일과 양육의 균형을 잘 맞추며 아이들에게 자랑스러운 엄마가 될 수 있었다.

"일을 즐기다 보니 이른 나이에 이사라는 직함을 얻게 되었습니다. 제가 아이들에게 '엄마, 이사 됐어!'라고 말하고 며칠 후 11살짜리 딸아이가 하루는 친구를 제 앞으로 데리고 왔습니다. 그러자 그 친구가 '이사되신 것 축하드려요'라고 말해 주는 거예요. 엄마가 집에서 온라인으로 강의하는 것도 보고, 팀원들과 회의도 하며 열심히 살아가는 모습을 보아왔던 아이에게 제가 멋진 엄마로 비친 것 같아서 그날 하루는 정말로 기뻤습니다."

많은 사람들이 성공이란 "자신은 물론 주변을 행복하게 만드는 것"이라고 말한다. 그녀는 가장 가까운 가족에게 기쁨과 행복을 나누고 주고 있어서, 일할 맛이 난다고 말한다. 또 함께 일하는 구성원들의 응원과 사랑 역시 앞으로 일할 맛이 나게 하는 원동력이다.

"우리 회사에는 사랑과 응원이 넘쳐납니다. 회사에서 만난 많은 인연들이 저에게 아낌없는 사랑을 주었고, 덕분에 창의성을 발휘할 수 있었습니다."

『새로운 생각은 어떻게 나를 바꾸는가』에서 모니카 H. 강은 말한다. 창의적으로 생각하려면 먼저 다양한 사람과 교류하라고. 나이가 들수록 사람들은 자신과 비슷한 사람과 친분을 유지하려 한다. 하지만 다른 사람이 가끔 불편하게 느껴질 때가 있다. 그렇더라도 다른 사람과 만나는 것이 좋다. 자신과 다른 생각을 접함으로써 열린 마음과 시각을 유지할 수 있기 때문이다. 또한 업무나 일상의 문제를 해결하는 방법은 하나만 있는 것이 아니다. 문제를 해결하는 방식은 사람에 따라 다를 수 있다. 사람마다 창의성을 발휘하는 방식이 다르기 때문이다.

꿈이 있는 리더는
늙지 않는다

권희화 이사가 팀원들과 일하면서 중요하게 여기는 것은 바로 진정성이다. 무엇이든 진실함이 없다면 모래 위에 성을 쌓는 것과 같다. 리더에게 진정성이 느껴져야 소통하고 협업하는 팀이 될 수 있다.

베트남 건국의 아버지 호치민은 진정성으로 민중의 마음을 사로잡았다.

"혁명을 하더라도 민중이 가난하고 불행하다면 그것은 혁명이 아니다."

그는 혁명가이기는 했지만 베트남 민중의 삶을 우선했다. 그래서

호치민

"민중이 가난하고 불행하다면 그것은 혁명이 아니다"라고 말한 것
이다. 베트남 민중은 그의 말을 듣기 좋게 꾸며낸 것이 아니라 진정
성이 담긴 말로 받아들였다. 그 역시 여느 베트남 민중과 마찬가지
로 고단한 삶을 몸소 살았고, 그런 삶의 경험에서 우러나온 말이라
고 느꼈기 때문이다.

호치민은 베트남의 오지에서 태어나 수습요리사 노릇을 하다가
영국 런던과 미국 뉴욕에서 하인과 견습공 등 밑바닥 생활을 했다.
제1차 세계대전이 끝나고 1919년에 파리에 정착해 베트남 독립운
동을 이끌었고, 1945년에 제2차 세계대전이 끝나자 베트남 민주공

화국의 주석이 되었으나 프랑스와의 전쟁으로 힘든 나날을 보내야 했다. 또 1954년에는 소련과 중국의 간섭으로 17도선을 경계로 남베트남과 북베트남으로 분단되는 비극을 맞아야 했다.

호치민은 남북전쟁_{베트남전쟁}을 벌였고, 이 전쟁에 미국과 한국까지 개입하게 되었다. 전력 면에서 약세였지만 호치민은 미국에 굴복하지 않았다. 결국 그가 죽은 지 5년 만에 베트남은 통일되었다.

그는 평생 동안 검소하게 살았고 베트남의 독립을 위해 결혼도 하지 않았다. 베트남 국민들은 베트남을 위하는 호치민의 진정성이 담긴 말들에 끌렸다. 그래서 그는 베트남 독립운동의 아버지, 건국의 아버지로 불리게 되었다.

진정한 리더는 책임감이 있는 리더다. 권희화 이사는 구성원들과 고객이 자신을 힘들게 해도 상대를 탓하지 않는다. 자기를 돌아보며 문제를 해결하려 한다. 업무를 점검하고 계획을 수정하는 것부터 시작하며, 그동안 작성한 아이디어 노트를 보면서 심기일전한다.

현재 시가총액 1위 기업 애플을 이끄는 팀 쿡은 "CEO라면 무엇보다 책임감이 있어야 한다"고 말한다. 팀 쿡은 워싱턴포스트와의 인터뷰에서 다음과 같이 말했다.

"애플 같은 세계 최대 소비재 회사의 CEO는 소비자들과 상호교류해야 하고, 회사 직원과 공동체, 국가에 대한 엄청난 책임감을 가져야 한다고 생각합니다."

제 4 장

바인의 포도나무에 역사를 심다

01

◆◆◆

앞날을 고민하면 걱정만 커지지만, 앞날을 기대하면 꿈이 이루어진다

간절히 원하면 이루어진다

전 세계 인구의 1퍼센트가 전 세계 돈의 96퍼센트를 벌어들인다. 『시크릿』의 저자 론다 번은 그것이 우연이 아니라고 말한다. '부'를 이루고 싶다고 간절히 원했기 때문에 부를 끌어당겼다는 것이다. 이러한 원리를 끌어당김의 법칙이라고 한다.

『시크릿』은 긍정적인 생각과 간절한 믿음이 만났을 때 강력한 힘을 발휘한다고 말한다. 미래의 삶을 창조하는 원동력이 내 안에 있다고 믿으면 원하는 것을 실제로 이룰 수 있다는 것이다.

"나는 안 돼", "나는 할 수 없어"라고 부정적으로 생각하면 결국 그 사람이 원하지 않던 일을 끌어당기게 된다. 그래서 일이 계속 꼬이게 된다. 반대로 긍정적으로 생각하면 좋은 결과로 이루어진다. 좋은 생각이 좋은 결과를 불어오는 것이다.

이 책은 자신이 원하는 것을 이룰 수 있는 2가지 방법을 소개했다. 첫째는 '감사하기'다. 예를 들어 감사해야 할 일들의 목록을 작성하면, 목록을 작성하기 전에는 자신에게 부족한 점들이나 불평이나 문제에 초점을 맞추다가도, 작성하고 나면 다른 방향으로 가게 된다. 즉 사고방식도 긍정적인 방향으로 바뀌기 시작한다. 지금 있는 것들에 감사하고, 고마운 모든 일에 대해 생각해 보면 놀랍게도 감사해야 할 일들이 꼬리에 꼬리를 물고 이어질 것이다.

둘째는 '그림 그리기'다. 그림을 그리듯 생각을 강력하게 집중하는 것이다. 마음속에서 원하는 것을 얻는 모습을 그릴 때 그것이 이미 자신에게 있다는 생각과 느낌이 생기고, 이로 인해 생각이 현실로 나타나게 되는 것이다. 라이트 형제가 비행기, 토머스 에디슨이 전구를, 알렉산더 그레이엄 벨이 전화기를 발명한 것도 마음속에 원하는 것의 모습을 그림으로 그렸기 때문이다.

바인그룹은 끌어당김의 법칙을 실천한다. 첫째로 '감사하기'를 실천한다. 바인아카데미의 교육 중 하나는 '감사행복나눔 프로그램'이다. 감사행복나눔 프로그램은 감사를 찾고 적극적으로 표현하도록 연습해 보는 교육 프로그램이다. 또한 감사를 찾기 어려운 상황 속에서도 감사를 찾아보며, 상황과 사람을 이해하고, 삶에 대한 만족도와 행복지수를 끌어올리는 프로그램이다.

바인그룹 구성원들은 감사행복나눔 프로그램을 통해 함께 일하는 사람들의 소중함을 더욱 깨닫고, 갈등이 생길 때도 상대방의 입장에서 다시 한 번 생각해 볼 수 있는 여유가 생겼다. 결국 인간관계도 좋아지고 업무 성과도 향상되었다.

둘째로 '그림 그리기'를 실천하는데, 책에서 소개한 방법보다 업그레이드된 방법을 실천한다. 마음속으로 원하는 것을 얻는 모습을 그리는 데 그치지 않고, 회사가 간절히 원하는 소망과 비전을 글로 적어 타임캡슐에 간직한다.

바인그룹의 구성원들은 2011년과 2015년에 타임캡슐 간직식을 개최했다. 2011년 8월 30일, 경기도 안성에 위치한 동화마을 연수원에서 '2021 소망씨앗 간직식'을 진행했다. 이제까지 바인그룹이 걸어온 회사의 기록물과 소장품을 목록별로 분류하여, 전 구성원들의 꿈과 희망을 적은 글을 타임캡슐에 담아 매설했다. 이 타임캡슐은 10년 후인 2021년 8월 30일 개봉할 예정이었으나, 코로나로 전 구성원이 모여 행사를 갖기가 힘들어져서 아직 개봉하지 못하고 있다. 하지만 그들의 꿈은 잘 익어가고 있다.

마찬가지로 2015년에는 10년 후를 기약하며 '2025 비전캡슐 간직식'을 개최했다. 간절히 원하는 자신들의 꿈을 적어 타임캡슐에

2021 소망씨앗 간직식

VISION 동화세상에듀코 2021
10년 소망씨앗

2011년 8월30일 동화세상에듀코 10년 후
역사를 위해 한 뜻으로 우리의 꿈과 모습을 담아
2021년 8월30일 오늘 동화속의 주인공이 된
우리의 소망이 이루어졌음을 확인합니다.

educo 동화세상 에듀코

2021 소망씨앗

담아 매설했다. 이 타임캡슐이 열리는 날 바인그룹이 원하는 것들이 이루어지리라 기대해 본다.

참고로 '2025 비전캡슐 간직식'에서 비전캡슐에 담긴 10년 후 바인그룹의 비전은 다음과 같다. 매출 1조 원 달성, 글로벌기업으로 전 세계에 수출, 호텔사업, 성인교육시장 진출, 단행본 출간, 인쇄자체 생산, 공부방 및 소자본 프랜차이즈사업, 벤처기업육성, 사내강사 적극지원으로 사회강사 진출 및 사회활동, 유학사업 진행, 동화 같은 기업, 동화 속 주인공 실현, 계열사 20개 육성, 상장사 3개사 육성, 관리직 동급 최고대우, 구성원 중 자가빌딩 보유자 탄생, 교육사업 및 무역사업 전 세계 진출, 콘텐츠사업, 자체편집기 구축, 동화타운 건립, 본사사옥 적극 건립, 건설업 진출, 자산운용, 에듀코봉사단 적극 활동, 바인그룹 구성원 3만 명 규모, 구성원 모두가 행복하고 만족해 하는 동화세상에듀코, 바이오실버 및 에너지사업, B2B사업 활성화, 온라인콘텐츠 자체개발, 외식사업 진행, 임대업 진행, 구성원자녀 인재육성시스템 구축, 100년 기업 미션토대 구축, 소비자 아이템 다량확보 등이다.

이창동 상무는 업무적 비전 10개와 개인적 비전 10개를 작성하여 자신의 책상 위에 두고 매일매일 바라보며 마음을 다잡는다.

"2015년에 매설한 타임캡슐이 열리려면 이제 3년 남았는데, 개인적으로 70% 정도 이룬 것으로 파악되므로 더욱 기대됩니다. 2025

년에 타임캡슐을 열었을 때, 모든 것이 달성되어 또 다른 10년을 계획하고 준비하고 실행하는 것이 제 소망입니다."

덕분에 코칭교육부 청주교육센터에서 최단기간에 상무에 오르는 성과를 올렸다. 블로그 마케팅을 처음 도입한 그는 기존의 아날로그 마케팅에서 벗어나 디지털 마켕팅의 초석을 세웠다. 현재도 다양한 마케팅을 시도하며, 회사의 성장에 기여하고자 솔선수범하고 있다. 덕분에 자신이 간절히 바라던 소망과 비전이 조금씩 이루어지고 있다.

임자현 팀장은 '2021 소망씨앗 간직식'을 회상하며 이렇게 말했다.

"우리 회사는 사옥보다 구성원들의 힐링공간인 안성연수원을 먼저 지었는데요. '2021 소망씨앗 간직식'은 안성연수원에서 처음 이루어진 행사라 더욱 기억에 남습니다. 그 당시 연수원을 짓게 된 의미를 팀원들과 공유하고 캡슐 안에 넣고 싶은 사진을 넣고 이루고 싶은 목표를 쓰면서, 목표를 상상하는 것만으로도 설렜습니다. 몰입하는 순간 가장 행복하다는 말이 있듯이 바인그룹에서 일하는 동안 이런 설렘이 수시로 생겼기에 행복한 순간들이 많았고, 앞으로도 많이 있을 것이라고 확신해요. 제가 회사와 함께 성장할 수 있는 것은 꿈이 있고, 그 꿈이 조금씩 커져가고 있다는 기쁨과 설렘이 있기 때문이죠."

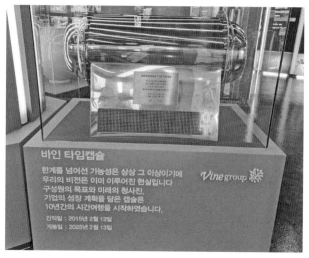
바인그룹 본사 역사관에 소장된 2025 비전캡슐

임자현 팀장은 홈스쿨 초기 멤버다. B2B사업부현재 쏠루트공교육사업부 강사를 오랫동안 하다가 현재는 공교육사업부서장을 맡고 있다. 그녀의 꿈은 바인인재사관학교를 만드는 것이다. 그녀가 꿈꾸는 바인인재사관학교는 대학교육에 이르기까지 삶의 방향을 설정하고 태도를 기르고 비전과 목표를 키우며 훈련해 나아가는 명품인재를 양성하는 기관이다. 그녀는 이러한 소망을 타임캡슐에 담았다.

장석 이사는 타임캡슐에 "10년 후 영향력 있는 임원이 되고, 계열사 대표가 되겠다"는 목표를 기재했다. 국민서관을 거쳐 바인그룹 창립멤버로 함께한 그는 현재 다브인터네셔널 부서장이며, 중국지사 운영, 외식사업부 운영, 리쿠르팅 등 다양한 업무를 진행했다. 그의 꿈 역시 타임캡슐에서 무르익어가고 있다.

이훈희 팀장은 2011년 타임캡슐에 10년 뒤의 목표로 "내 집 마련, 결혼, 두 자녀 출산 등을 적었다. 간절히 원했던 이 목표들은 신기하게도 모두 이루게 되었다. 2015년에 했던 '2025 비전캡슐 간직식' 때는 현장 영업팀에 몸담아서 "연봉 1억, 지사 1위, 부장배출 50명" 등의 업무적 목표를 적었다. 2025년이 되면 그 꿈이 이루어질 것이라고 기대하며 최선을 다하고 있다.

장문석 상무는 2011년에 했던 '2021 소망씨앗 간직식'에서 10년 뒤의 목표를 적었는데, 아직 개봉은 하지 않았지만 그 목표를 대부분 이루었다고 한다. 그 역시 국민서관을 거쳐 바인그룹 창립멤버로 함께했다. 창립 이후 인재교육 등을 맡아왔는데, 동화세상에 듀코 BEST HRD와 가족친화경영, 바인그룹의 인재양성, 회사문화 정신함양과 교육 등에 크게 기여했다.

유원숙 상무는 '2021 소망씨앗 간직식'에 참여했고, 당시에 "여성임원, 계열사 CEO, 여성멘토, 연봉 10억 원"이라는 비전들을 적었다. 그녀 역시 바인그룹 창립멤버로서 현재 전주교육센터 코칭교육부 조직운영을 맡고 있다. 코칭교육부에서 일하면서 바인그룹 전체의 기업문화를 확산하고 있다.

김현정 상무는 '2021 소망씨앗 간직식'에서 2021년에 이루고 싶은 것들을 구체적으로 적을 때 마냥 설렜다고 한다. 개개인의 꿈과 비전이 모여 10년 후 바인그룹이 얼마나 성장해 있을지를 기대했기 때문이다. 그녀는 10년 후의 목표로 자신의 바라는 친정엄마, 남편, 아이들 그리고 팀원들의 모습을 그렸고, 무엇보다 자신의 모습을 생생하게 그렸다. 감사하게도 당시에 그렸던 것들이 대부분 이루어졌다. '2025 비전캡슐 간직식' 때는 10년 후인 2025년에 자신이 바라는 개인적인 비전과 회사의 비전을 구체적으로 그렸는데, 2025년을 설레는 마음으로 기다리고 있다.

앞날을 고민하면 걱정만 커지지만 앞날을 기대하면 꿈이 이루어진다. 바인그룹 구성원들은 앞날을 기대하고 있기에 꿈을 이루어가고 있는 것이다.

웰씽킹,
성공을 부르는 풍요의 생각

사업실패로 10억 원의 빚더미에서 허덕이다 연매출 6,000억 원을 올린 켈리 최는 말한다.

"꿈을 이루기 위해서는 네 가지를 해야 한다. 첫째는 구체적이고 정확한 목표를 세워 한 줄로 정리해야 한다. 둘째는 구체적인 기간을 설정해야 한다. 셋째는 매일 아침 일어나 내가 할 일 3가지를 정하고, 넷째는 하지 말아야 할 행동 3가지를 정해야 한다."

현재 유럽 11개국에서 1,200개 매장을 운영하고, 연매출 5,400억 원을 올리는 글로벌기업 켈리델리KellyDeli의 창업자이자 회장인 그녀는, 가난한 농가에서 태어난 흑수저 중의 흑수저였다. 열여섯 나이에 낮에는 소녀공으로 일하고 밤에는 야간 고등학교에서 공부하며 주경야독했다. 난독증이 심해 제대로 읽을 수 없었고, 사업실패로 남은 건 10억 원의 빚이었다. 차라리 죽는 게 더 낫다고 생각한 날들의 연속이었다.

하지만 몇 년 뒤, 그녀는 6천 개의 일자리를 창출하고 세계 12개국에서 30개가 넘는 비즈니스와 계열사를 거느린 글로벌기업의 회장으로 다시 태어났다. 10억 원의 빚을 안고 파리의 센 강에 몸을 던지려고까지 했던 그녀는 어떻게 영국 상위 0.1%의 부자가 될 수 있었을까? 켈리 최의 『웰씽킹』은 그 비결을 밝힌 책이다.

그녀는 예전의 자신을 버리고 새로운 사람으로 재탄생하기 위해 뼈아프지만 스스로 실력이 부족했다는 것을 인정했다. 그리고 자신과 비슷한 배경과 실패를 딛고 성공한 1,000명의 부자를 공부하기 시작했다. 그녀는 부자들이 했던 방법을 그대로 따라하면 자신도 그렇게 될 수 있다고 믿었다. 그리고 부자들의 공통된 사고방식을 하나씩 따라했다. 그 결과 부Wealth의 생각Thinking, 웰씽킹Wealthinking을 발견했다.

『웰씽킹』은 부를 창조한 사람들이 갖고 있는 생각의 뿌리를 '풍요의 생각'이라고 말한다. 풍요의 생각은 결핍의 생각과 반대되는 개념이다. 풍요의 생각과 결핍의 생각의 방향성은 정반대다.

결핍의 생각은 과거에만 사로잡혀 있지만 풍요의 생각은 현재와 미래로 향한다. 결핍의 생각은 우리의 인생을 제한하지만 풍요의 생각은 인생의 지평을 넓힌다. 우리의 인생을 제한하는 벽은 세상에 대한 믿음, 타인에 대한 믿음, 나 자신에 대한 믿음에서 생기는 고정관념이다. 부자들은 이 세 가지 벽을 풍요의 생각으로 과감히 허문다.

바인그룹은 창립 당시부터 부정적인 생각보다는 긍정적인 생각을 권장하고, 과거보다는 미래를 바라보며 회사의 비전을 세웠다. 창립 당시에도 웅진과 대교 등 비교우위에 선 교육기업이 있었지만 잘될 거라는 믿음으로 한계를 극복해 나갔다. "우리 구성원은 해낼 수 있다"는 믿음, "우리의 교육 서비스를 이용하는 고객들이 잘될 수 있다"는 믿음, "우리 회사는 세상에 선한 영향력을 깨친다"는 믿음으로 지속성장할 수 있었다. 풍요의 생각으로 생각의 뿌리를 확장하며 성공의 열매를 키워나가고 있다.

사장님,
이제 더세이브 하세요

2017년에 설립된 바인그룹의 계열사 더세이브는 소상공인의 비즈니스를 위한 통합 솔루션 플랫폼

2017년에 설립된 더세이브는 소상공인 비즈니스 통합 솔루션을 제공하는 플랫폼 사업을 하고 있다.

사업을 하고 있다. 2018년에는 4차산업혁명 스마트 플랫폼 서비스상을 수상했고, 2020년에는 기업부설 연구소 인증과 벤처기업으로 선정되었다. 2021년에는 정부의 비대면 바우처 공급 기업으로 선정되었고, 특허도 취득하며 다양한 기술력 및 서비스를 인정받아 성장하고 있다.

더세이브는 창업 및 매장운영에 필요한 결제 단말기부터 인터넷, 기기 렌탈, 세무 등 소상공인에게 필요한 다양한 상품과 서비스를 쉽고 빠르고 간편하게 제공한다. 또한 상품 및 서비스 판매에 그치지 않고, 소상공인들과 밀접하게 소통하며 다른 불편함도 함께 해결해 가며 소상공인의 '성공 파트너'로 성장하고 있다.

코로나19는 학교뿐만 아니라 근무환경까지 바꾸어 놓았다. 더세이비는 재택근무를 모니터링할 수 있는 시스템인 '워크 스타일', 온라인을 기반으로 한 '경리 아웃소싱' 서비스를 선보였다. 소상공인뿐만 아니라 중소기업의 어려움을 해결하기 위한 플랫폼 서비스를 제공하고 있다.

더세이브에서 일하고 있는 이훈희 팀장은 2004년 바인그룹과 인연을 맺기 시작해 코칭교육부에서 영업 담당자로 일했고, 2010년 경남 창원지사 지사장으로 일하다 2018년부터 더세이브 관리자로 일하고 있다.

이훈희 팀장은 2004년부터 바인그룹과 인연을 맺고 있는데, 20년 가까이 회사와 함께할 수 있었던 이유는 "자신의 능력이 항상 업그레이드 될 수 있도록 만들어주는 바인그룹의 시스템 덕분"이라고 말한다. 덕분에 직업적인 매너리즘에 쉽게 빠지지 않고, 늘 새로운 도전을 하며 지치지 않고 성취감을 느낄 수 있어 자존감이 높아졌다.

물론 그런 이훈희 팀장이 마냥 순탄하게 일한 것은 아니다. 같은 일만 계속해도 별문제가 없을 때, 또는 너무 잘되고 있을 때, 이대로 안주하다가 앞으로 변화하는 시장에서 우리 사업이 밀려나지 않을까 싶어서 두려울 때도 있었다. 그럴 때마다 변화를 꾀하려고 노력했다. 다양한 분야의 사람 또는 같은 업종에서 성장하는 사람을 만나면 에너지도 얻고, 자신과 다른 시야를 가진 이들에게서 아이디어도 얻을 수 있었다.

특히 이훈희 팀장은 회사에서 제공하는 바인아카데미 교육으로 안주하지 않고 앞으로 나아갈 수 있었다. 바인아카데미 교육 중 피닉스리더십은 그녀를 변화시켰다. 20대의 어린 나이에 바인그룹과 인연을 맺기 시작한 이훈희 팀장은 명확한 목표도 없었고 평범하게 살아가기를 원했다. 그러던 어느 날 교육을 통해 '내 인생은 내 책임이다'라는 짧지만 강한 문장이 이훈희 팀장을 사로잡았다. 이때부터 소극적이고 책임감이 부족했던 그녀는 모든 원인을 자신에게 찾으며 능동적으로 일하려 했다. 그러니 인간관계와 업무 등 모든 것이 개선되며 삶의 만족도가 높아지기 시작했다.

이훈희 팀장은 액션스피치 교육 덕분에 성격도 좋아지게 되었다고 말한다.

"회사에 들어와 처음에는 영업부터 시작했는데, 당시에 워낙 내성적이고 소극적이라서 사람을 만나고 상담해야 하는 업무가 상당히 부담스러웠어요. 하지만 교육을 접하고 남들 앞에서 당당하고 자신 있게 말할 수 있는 자신감을 갖게 되었죠. 또 무엇을 해도 늘 칭찬과 응원을 해주는 회사의 문화 덕분에 그동안 내성적으로 살아왔던 저는 변화를 꾀하게 되었어요. 성격이 변하니 업무에도 적극적으로 임하게 되었죠. 고객상담 및 회사의 다양한 이벤트에도 앞장서 참여할 수 있었습니다."

현재 더세이브에서 진행하고 있는 사업은 바인그룹에서 진행했던 것이 아니라서 모든 일이 생소하기만 하다. 배경지식 없이 새로운 사업을 몸소 경험하고 상품화시켜야 하는데, 처음으로 월 매출 1억 원을 넘어섰을 때가 가장 기억에 남는다.

"더세이브는 소상공인의 성공파트너로 자리매김하고자 업계 관행에 맞서 보다 편리하고 저렴하고 간편한 서비스를 지원하는 플랫폼 사업을 성공적으로 만들어 가고 있습니다. 고객들로부터 '더세이브 덕분에 소득이 많이 늘어서 도움이 되고 있다'는 문자를 받았을 때 큰 보람을 느꼈어요. 그럴 때마다 '더 좋은 상품과 서비스로 소비자에게 큰 도움이 되어야겠다'고 다짐하게 됩니다."

현재 이훈희 팀장은 바인그룹의 사내벤처 '100프로젝트'에 플랫폼 비즈니스 사업을 참여하고 있다. 더세이브 역시 100프로젝트로 시작된 사업이다. 모바일 QR결제 플랫폼 사업으로 시작해 지금은 다양한 카드결제 시스템 및 렌탈 서비스, 경리 아웃소싱 사업, 정부 정책 지원사업, 셀프세무기장 플랫폼 사업까지 사업 분야를 다양하게 넓혀 전년도 대비 45% 성장했다.

"'부모는 아이의 거울이다'라는 말이 있듯이, 더세이브는 바인그룹을 바라보며 성장했기 때문에 자연스럽게 바인그룹의 비전을 함께 추구합니다. 더세이브는 구성원 모두가 '사업가 정신'을 가지고 업무에 임하고 있습니다. 앞으로 더 열심히, 빠르게 성장하여 바인그룹의 '효자' 노릇을 하기를 바라고 있습니다."

이훈희 팀장은 앞으로 더세이브의 매출 100억 원을 목표로 한다고 말한다. 바인그룹의 계열사로서 많은 구성원에게 도움이 되는 사업부서가 되었으면 하는 바람이 간절하다. 또 회사에서 20대 때부터 받아왔던 모든 것들을 후배들에게 갚고 싶어 한다. 업무 노하우 등을 후배들에게 나눠주려 한다.

"바인그룹은 사람을 키우는 회사입니다. 철부지 20대에 아무 목표도 없이 회사에 들어와 일하던 저에게 목표를 갖게 하고, 제 자신과 주변을 돌아볼 수 있게 해주었습니다. 회사란 당연히 이익을 추구하는 집단이지만 끊임없이 학습의 기회를 제공하고 성장할 기회를 주는 회사가 바인그룹입니다."

02

♦♦♦

멀리 가려면
함께 가라

우리는 코로나19로 길고 긴 고통의 시대에 살고 있다. 데이비드 브룩스의 『두 번째 산』은 "우리는 고통의 시기를 겪으며 인생의 태도를 다시 정립해야 한다"고 말한다. 삶의 고통을 딛고 다시 시작하는 법을 익히려면 인생을 대하는 태도가 근본적으로 달라져야 한다는 것이다. 이 책의 저자는 "지금 우리는 개인의 행복, 독립성, 자율성이라는 허울 좋은 가치를 넘어 도덕적 기쁨, 상호 의존성, 관계성을 회복할 때"라고 주장한다.

인생이란 두 개의 산을 오르는 일과 같다. 첫 번째 산에서는 자아의 욕구를 채우고 주류 문화를 따랐다면, 두 번째 산에 오르는 사람들은 이러한 욕구와 문화에 반기를 든다. 이들은 자기 욕구의 수

준을 한층 높여 진정으로 가치가 있는 것들을 바라기 시작한다. 이들은 독립independence, 개인적 자유, 세속적 성공 대신 상호의존interdependence, 이타적 헌신, 정신적 기쁨으로 시선을 돌린다. 고통 속에서 성장한 이들은 자신의 동기부여를 자기중심적인 것에서 타인중심적인 것으로 바꾸었기 때문이다. 이들은 "좋은 인격이란 자기 자신을 내려놓는 과정의 부산물"이라고 생각한다.

사회가 오로지 이기적인 관심사로만 지탱될 때 사회 구성원들은 서로 분리되고 고립된다. 바로 이런 일이 지금까지 줄곧 벌어지고 있다. 인생의 여러 문제, 즉 고독과 소외, 가치와 의미의 상실, 공동체의 부재 등은 극단적인 개인주의 문화에서 비롯되었으며, 그 결과 사람들은 벌거벗은 채로 외롭게 떨고 있는 것이다.

청소년 자기성장 사회공헌 프로그램 '위캔두'

김현경 국장은 뛰어난 실적으로 e상상코칭부에서 차세대 리더로 인정받고 있는데, 인품도 뛰어난 그녀는 위캔두 활동으로 사회공헌도 많이 한다. 바인그룹에서 2011년부터 일하고 있는 그녀는 말한다.

"바인그룹과 10년 이상 함께할 수 있었던 이유는 아이들을 교육하는 일이 좋아서이고, 일하는 방식을 스스로 선택하고 만들어 갈 수 있기 때문입니다. 실패할 때에는 구성원들이 도와주고, 성공한 일에 대해서는 칭찬과 보상 그리고 인정을 해주는 기업문화 때문입니다."

김현경 국장은 매년 자신이 성장하는 모습을 볼 때마다 보람을 느낀다고 한다.

"우리 회사는 항상 새로운 일에 도전하는 회사라서 매너리즘에 빠지지 않고 일할 수 있어서 특히 좋습니다."

그녀는 선생님들을 리쿠르팅, 교육, 관리하는 일과 학생들을 코칭 및 티칭하는 업무를 맡고 있다. 또한 회사 정책에 맞추어 시스템을 만들고, 그것을 적용 및 교육한다. 일터에서 팀원들에게 늘 감사한 마음이다. 팀원들이 만족스럽게 일하고 있다고 느낄 때, 성취감과 보람을 느낀다.

공부9도 상품 개발에 참여했을 때도 큰 보람을 느꼈다. 상품에 대한 고객의 수요가 있을 거라고 확신했지만 그것을 직접 경험하고 확인하는 과정에서 보람을 느꼈다.

특히 김현경 국장은 청소년들의 건강한 성장을 위한 온오프라인 자기성장 프로그램인 위캔두 덕분에 아이들의 얼굴이 밝아지는 것 같아서 행복하다. 아이들이 자신을 발견하고, 삶의 전환점이 되는 순간을 만들어내는 것을 지켜보며 큰 보람을 느낀다.

위캔두는 바인그룹이 2017년부터 강사비, 참가비, 교재비 등 비용을 무상지원하는 사회공헌활동으로, 청소년들의 자기성장과 리더십을 지원하는 프로그램으로 구성되었다. 2022년에는 매월 전국 도시별 맞춤형 방식으로 이뤄지고 있다. 현재 광주, 부산, 대구, 대전 등 지역에서 온라인 위캔두가 실시되었으며, 사회적 거리 두기가 해제된 후에는 각 지역 학생들을 대상으로 오프라인 위캔두 과정이 재개됐다.

바인그룹의 위캔두 오프라인 행사에서 지역 청소년들은 '내가 아는 나&내가 모르는 나', '나만의 아바타 꾸미기' 등 활동에 참여해 자신의 장점을 찾아보는 시간을 가진다. 또한 '내 손 안의 보물찾기'라는 프로그램을 통해 감사하는 마음과 행동이 실제로 자신의 삶에 어떤 영향을 끼치는지, 뇌과학적으로는 어떻게 작용하는지에 대해 알아보기도 한다.

"위캔두에 참여한 학생들은 '자존감을 올리고 자신감이 생겼다', '부모님과 선생님, 친구들에게 감사하는 마음이 생겼다'는 등 좋은 반응을 보였어요. 서울에 비해 교육의 기회가 상대적으로 적은 지역 학생들에게 도움이 되고, 평소에 접하지 못하는 내용과 활동들이 교육적으로 좋았다고도 합니다. 또 학습과 자기성장에 도움이 되어서 감사하다는 학생도 많습니다."

바인그룹은 학교와 기관 등을 위해 '찾아가는 위캔두' 과정을 진

위캔두 15, 16기 수료식

행하고 있다. 2022년 5월까지 20여 개의 학교 및 기관에서 개최된 바 있으며, 위캔두를 수료한 청소년들은 2,200명 이상이다. 앞으로도 위캔두 과정은 시기와 상황에 맞춰 온오프라인으로 대한민국의 청소년을 찾아갈 예정이다.

내 안의 가장 큰 에너지, 셀프 코칭

일하다 보면 구성원들과 고객이 힘들게 할 때가 종종 있다. 그럴 때마다 김현경 국장은 함께 공감할 수 있는 동료들과 이야기를 나누고 서로 에너지를 높이는 모임을 규칙적으로 하고 있다. 각자의 노하우를 이야기해 주기도 하고 서로 격려해 주기도 한다. 또 아이디어를 얻기 위해 책을 많이 읽는다. "책에는 항상 답이 있다"고 그녀는 자신 있게 말한다. 그리고 팀원들 스스로 앞으로 어떻게 해나갈지를 모색하도록 하기 위해 셀프코칭을 하도록 유도한다.

김현경 국장은 피닉스리더십 교육으로 '나는 내가 정말 좋다', '나를 소중히 여겨야 한다'는 생각을 하게 되었다. 또 세븐헤빗 교육으로 좋은 습관을 쌓으며 실력을 향상시키는 리더가 될 수 있었다.

크리스토퍼 교육에서는 스피치 교육이 포함된 교육을 경험했는데, 교육 내내 다른 사람의 이야기를 듣게 되면서 경청의 기쁨을 깨달았고, 상대방이 말하고자 하는 내용의 중심을 알 수 있게 되었다. CS교육을 통해 다양한 고객을 분류하고 누구에게나 바른 응대를 할 수 있게 되었고, 상상코칭으로 학생들을 위한 코칭이 아닌 조직에서 필요한 코칭을 배우게 되었다. 이후 코칭 자격증을 따고 인생코치아카데미 전문코치로 활동하며 코칭 관련 책도 출판하게 되었다.

독서경영리더양성과정을 수료하고 독서를 기반으로 토론까지 하는 방법을 익혔고, 동료들과 다양한 독서경영 조직을 만들면서 더 깊게 이해하고 아이디어도 얻을 수 있었다. 피닉스마케팅을 통해 마케팅의 기본 개념을 익힐 수 있었고, 동료들과 토론을 통해 열정적으로 아이디어를 창출하는 방법을 배웠다. 창조프로세스를 통해 창의력을 기를 수 있는 방법을 알게 되었고, 이때 배운 다양한 프로세스방법들을 업무에 적용할 수 있었다. 감사행복나눔 교육을 받고서는, 시어머니에게 편지를 보내게 되었다. 덕분에 사랑받는 며느리가 될 수 있었다.

365 자기주도학습을 통해 공부9도 수업을 시작할 수 있는 기반을 마련할 수 있었다. DT Digital Transformation에서는 다른 수강생들과 결과물을 서로 공유하면서 아이디어를 많이 얻었다. 김현경 국장은 팀의 수석코치라면 꼭 수강해야 하는 강의라고 생각해서 팀의 수석코치에게 이 강의를 추천했고, 이 강의를 통해 업무 능력이 향상되었다. 이처럼 교육의 힘은 위대하다.

그녀는 팀원들 스스로 진짜 원하는 것을 찾게 하고, 행복한 삶을 그릴 수 있도록 하기 위해 셀프 코칭을 장려한다. 팀원들 스스로 목표를 설정하고, 그것을 이루어내는 자신에게 성취감을 느낄 수 있도록 하는 것이다. 세프 코칭으로 조직을 이끌고 있는 그녀는 팀원들이 진심으로 원하는 목표를 찾도록 도와주고, 스스로 변할 수 있도록 행동목표와 실행계획을 세우도록 조력하는 부서장이 되고 싶다. 또한 학생들에게는 자신의 잠재력을 발견할 수 있도록 도와주는 선생님이 되고 싶다. 학생들이 진정 원하는 것에 대해 가슴 깊이 경청하고, 질문을 통해 그들의 열정과 잠재력을 끌어내고 싶은 것이다.

'100년 달력'에
100년 성장의 꿈을 새긴다

한 우물만 파는 게 좋을까? 여러 우물을 파는 게 좋을까? 애플은 IT분야만 고집하고 구글과 아마존은 IT뿐만 아니라 여러 분야에서 사업 영역을 확장하고 있는데, 어느 쪽이 좋다고 말할 수는 없을 것이다. 한 우물을 파든 여러 우물을 파든 오래도록 지속성장하는 것이 관건일 것이다.

기업 경영은 포도농사를 짓는 것과 같다. 아무리 좋은 품종이라도 포도나무는 해마다 가지치기를 해야 한다. 그렇지 않으면 오래도록 지속성장하기 힘들다.

기업이 지속성장하기 위해 좋은 인재가 필요하듯이, 포도나무는 부지런한 농부를 만나야 알찬 열매를 맺는다. 포도나무는 매년 가지의 마디마다 새순이 생긴다. 새순이 돋아나고 다음 해에 새 가지가 자라며 열매를 맺는다. 이때 농부들은 새순에 난 열매들이 더 잘 자라게 하기 위해 이듬해 봄에 묵은 가지를 쳐내야 한다. 묵은 가지를 쳐내지 않으면 새순에서 과실이 탐스럽게 자라지 않기 때문이다. 부지런한 농부가 알찬 열매를 맺게 하듯이, 바인그룹은 현재에 안주하지 않고 미래먹거리를 찾아 나서고 있다. 에듀코와 에디코, 동화세상에듀코를 거쳐 지속성장한 교육사업은 바인그룹 전체를 지탱하는 뿌리인데, 이를 바탕으로 새로운 열매들을 맺기 위해

바인그룹
사업영역

코칭 · 교육 · 학원

(주)동화세상에듀코
상상코칭, e상상코칭, 공부9도, 진로진학코칭, 하우코딩, 마음키움, 파워잉글리시

학원
와와학습코칭센터, 더블유플러스전문학원

공교육지원 / 유학
쏠루트 공교육지원사업, 쏠루트유학사업단

플랫폼 서비스

더세이브

무역 · 유통

다브인터네셔널
고려진생, 고려진생몰

자산운용

임대자산관리 (국내 / 해외)
바인 르미에르 오피스텔 Seoul, Korea
신설동 임대 상가 Seoul, Korea
일산 물류센터 Gyeonggi, Korea
바인 르미에르 맨션 Osaka, Japan

국내외 기업투자

호텔

HOTEL. LINKS NAMBA
HOTEL VINE OSAKA KITAHAMA

외식

카페 Newyork 8972

해외법인

미국: EDUCO USA 교육
중국: EDUCO CHINA 교육
일본: VINE JAPAN 임대, 호텔, 교육

연수원

안성 동화마을 연수원 / 양평 안데르센 하우스 연수원

다양한 사업 분야를 육성하고 있다. 현재 바인그룹은 교육사업이 뿌리가 되어 교육·호텔·플랫폼서비스·자산운용·무역·외식 등 10여 개 계열사를 성장시키고 있다.

김광섭 상무는 2012년 동화세상에듀코에 바인그룹과 인연을 맺기 시작해 코칭교육부에서 7~8년 마케팅 담당자를 거쳐 마케팅 리더로 성장하며 현장 업무를 익혔다. 당시 부서 내에 온라인마케팅 활동이 활발했는데, 포털광고 및 교육사이트 운영 등 새로운 전략으로 온라인마케팅을 활성화시켰다.

2016년 새로운 교육상품 비즈니스 전략을 개발하고 계열사인 쏠루트의 CEO가 되었다. 이어서 바인그룹 자산관리사업부를 총괄하며 서울 용두동 오피스텔 준공과 일본 오사카 오피스텔 인수를 성공적으로 이끌었다.

회사가 성장하려면 글로벌시장에 진출해야 한다고 판단한 김광섭 상무는 교육사업에서 호텔 비즈니스로 확장해 더 넓은 시장을 개척하고 있다. 그는 새로운 시장을 탐색할 때 시간 가는 줄 모른다. 이때는 도파민이 폭발적으로 분비되어 즐거움과 아찔한 긴장을 경험한다. 도파민은 시간에 대한 인식도 관장하므로, 시간 가는 줄 모르고 일에 몰입하곤 한다.

탐색 시스템이 활성화될 때 우리는 관심, 호기심, 탐구심 더 나아가 고차원적인 의미까지 추구한다. 이 긍정적이고 활기찬 기대심리는 결국 열정으로 연결된다. 펜실베이니아대학교 심리학 교수인 마틴 셀리그만은 "열정이 흥분과 기대, 에너지가 넘치는 삶을 살도록 이끈다"고 했다. 열정을 느낄 때 우리는 삶과 일을 모험으로 여긴다. 그리고 새로운 상황과 변화에 대해 불안과 두려움 대신 기대와 흥분으로 접근한다. 김광섭 상무는 호텔 비즈니스라는 새로운 시장을 탐색하면서 흥분과 기대가 넘치는 삶을 살고 있다. 바인그룹의 호텔 비즈니스는 다음과 같다.

호텔 링크스 난바 HOTEL LINKS NAMBA

바인그룹 호텔사업부는 2018년 일본 최대 관광도시인 오사카 난바역에 위치한 호텔 링크스 난바 HOTEL.LINKS NAMBA를 인수하면서 호텔 사업을 시작했다. '도톤보리'와 '신사이바시' 등에 접근성이 좋은 곳에 위치한 이 호텔은 총 72개의 객실을 운영하고 있으며, 쾌적한 시설 및 우수한 서비스로 관광객들의 호평을 받고 있다.

호텔 바인 오사카 HOTEL VINE OSAKA

2019년 인수한 이 호텔은 오사카의 떠오르는 관광지인 '기타하마'에 위치하고 있다. 총 116개의 객실을 보유하고 있으며, 도심의 휴양과 여유로움을 즐길 수 있어 관광객 및 현지인들의 만족도가 높은 호텔이다. 특히 1층에 커피숍 '브라운커피'를 런칭하고 K-POP, 스튜디오 촬영 등 엔터테인먼트 요소를 결합한 호텔로 성

호텔 링크스 난바(왼쪽) 호텔 바인 오사카(오른쪽)

장 중이다.

바인그룹의 호텔사업부는 코로나19로 어려움을 겪긴 했지만 최근 들어 여행이 늘면서 가동률과 매출이 상승하고 있다. 일본은 아직 외국인 입국을 금지하고 있어 내수 고객을 대상으로 영업하고 있지만, 내수 고객만으로도 호텔 바인 오사카는 가동률 약 70%대를 유지하고 있다. 가성비 좋은 한국형 부티크 호텔 콘셉트로 고객에게 인기인 이 호텔은 OTA 플랫폼 평점 10점 만점에 8.5점으로 다른 비즈니스 호텔 대비 높은 평점을 기록하고 있다. 앞으로 외국인 입국 제한이 풀리게 된다면, 더 좋은 성과를 올릴 것이다.

호텔사업과 일본해외법인을 총괄하고 있는 김광섭 상무는 아시안게임 메달리스트였다. 2006년 도하 아시안게임 당시 부상을 딛고 당당히 동메달을 목에 건 유도 선수가 국민들 사이에서 화제가 되었다. 투혼을 보여준 김광섭 선수는 부상으로 은퇴 후, 한양대에서 유도 감독으로 활동하다 동화세상에듀코에 들어왔다.

"회사경영이야말로 운동을 시작하기 전부터 꿈꿔왔던 일입니다."

어렸을 적부터 부친인 대표님을 지켜보며 영업과 경영에 관심을 가졌는데, 그가 유도를 시작하게 된 것도 아버지의 영향이 컸다.

김광섭 상무는 아버지의 권유로 유도 선수 생활을 시작했는데, 누구보다 열심히 노력했다. 2000년 세계청소년 선수권에서 60kg급 동메달을 시작으로 2006년 도하아시안게임 66kg급을 비롯해 각종 세계 대회에서 10여 개의 메달을 휩쓸었고, 그 공로를 인정받아 대통령 훈장을 받기도 했다.

공교롭게도 아버지와 같은 무릎 부위에 부상을 입고 유도 선수 생활을 은퇴한 이후에도 한양대학교 유도 감독으로 활동하고, 한국인 최초로 삼보 세계 선수권 대회에서 동메달을 획득하는 등 놀라운 성과를 보였다. 김광섭 상무는 선수 생활을 하면서 기본 체력은 물론이고 건강한 유도 정신을 익히며 아버지의 경영철학을 고스란히 물려받았다.

김광섭 상무가 20여 년간 운동을 하면서 쌓아왔던 끈기와 인내,

도전정신 등은 회사 생활과 경영에도 큰 도움이 되었다.

"스포츠 세계에서는 1등이라는 목표를 세우고 그것을 달성하는 연습을 반복합니다. 그 과정에서 웬만큼 힘든 것들을 잘 참아내는 훈련을 20년 동안 해온 거죠. 회사 업무나 경영에도 이러한 인내심이 필요한 경우가 많기에 큰 도움이 되었습니다."

반면, 선수 시절에 가지고 있었던 승부욕은 오히려 줄어들었다.

"경영에 눈을 뜨면서 지는 법을 배워가고 있습니다. 선의의 경쟁은 계속하지만 승리에만 눈이 먼 나머지 정말 소중한 것을 놓쳐서는 안 되니까요. 승부욕이 강한 상태에서 경영을 하다보면 자기중심적인 아집에 사로잡히며 여러 부작용을 낳을 수 있는데, 그럴수록 주변을 둘러보고 잘못된 방향을 바로잡아가야 합니다. 경쟁상대를 이기는 것보다는 구성원들이 모두 잘되는 법, 효율적이고 스마트하게 업무를 할 수 있도록 도와주는 방법을 한 번 더 생각하는 게 낫습니다."

나이키의 창업자 필 나이트는 위대한 육상 선수가 되기를 바랐지만, 일류 선수의 등을 보며 달려야 했던 그저 그런 선수였다. 결국, 운동의 길을 포기하고 스탠퍼드 경영대학원에 입학했다. 당시에 그가 가진 것은 선수 시절 얻은 운동화와 자신의 사업을 하고 싶다는 막연한 희망밖에 없었다.

'그냥 하자'는 뜻의 'Just Do It'은 나이키 브랜드의 등록상표이자 대명사가 되었다.

여느 20대처럼 자신에 대한 불신과 미래에 대한 불안감으로 가득했던 그는 1962년 배낭여행을 떠나며 이렇게 다짐한다.

'세상 사람들이 미쳤다고 말하더라도 신경 쓰지 말자. 멈추지 않고 계속 가는 거다. 그곳에 도달할 때까지는 멈추는 것을 생각하지도 말자. 그리고 그곳이 어디인지에 관해서도 깊이 생각하지 말자. 어떤 일이 닥치더라도 멈추지 말자. 그냥 하자!'

'그냥 하자'는 뜻의 'Just Do It'은 나이키 브랜드의 등록상표이자 대명사가 되었다. 'Just Do It' 캠페인을 벌인 나이키는 스포츠 슈즈 시장 점유율을 1988년 18%에서 1998년 43%로 높였다.

필 나이트의 기업가 정신은 우리가 새로운 것을 창조할 때에 직면하는 장애물을 어떻게 극복해야 하는지를 알려주고 있다. 장애물을 만났을 때 멈추지 않으면 된다. 'Just Do It', 그냥 하면 된다.

필 나이트처럼 김광섭 상무는 운동선수 생활을 하면서 길러온 도전정신을 회사경영에도 실천하고 있다. 바인그룹을 100년 기업으로 이어가기 위해 그는 오늘도 새로운 시장을 탐색하고 있다.

바인그룹에는 '100년 달력'이 있다. 이 달력은 바인그룹의 뿌리가 되는 교육사업을 시작한 해인 1995년부터 100주년이 되는 2094년까지 이어진다. '달력처럼 100년 가는 그룹으로 키운다'는 확고한 의지를 담아낸 것이다.

100년 달력에 100년 성장의 꿈을 새기는 바인그룹은 2094년에 얼마나 성장해 있을까? 100년 기업을 만들기 위해 바인그룹은 오늘도 사람을 키우고 있다. 구성원의 성장이 고객의 성장으로 이어지고, 고객의 성장이 기업의 성장으로 이어지는 선순환을 실천하니, 100년 기업이 될 수밖에.

우리는 100년 기업을 만들어 가고 있습니다

Vine group ✺ (1995~2094)

1995	1996	1997	1998	1999	2000	2001	2002	2003	2004
성공자는 남다르다	성공자는 남다르다	성공자는 남다르다	성공자는 남다르다	더 나은 방법은 있다	레고형 인간	Customer Focus	그대의 성공은 나의 성공	적찾을 가족같이 고객을 직원같이	남다른 실력 두배성장

2005	2006	2007	2008	2009	2010	2011	2012	2013	2014
3K	듣기로 (내가먼게) 고객기쁘게	돈보다 일 일보다 사람	나무림	다르게	Happy Innovation	고객 맞춤 직원 맞춤	고객지향	같은 방향 같은 생각 같은 행동	Everyday Creative

2015	2016	2017	2018	2019	2020	2021	2022	2023	2024
행복한 코칭으로 고객에게 감동을	스피드와 협업을	TRUST	DO 100	DO 100 Everyday Project	2HABITS 작은 개선 반복 개선	우리는 일자리 고객에게 몰입한다	기적의 시작 Miracle Beginning		

바인그룹 ✺ 100년달력

성장이 선순환되는 회사,
바인그룹

지난 15년간 필자는 삼성, 현대, 포스코 등 여러 기업에서 독서경영 강의를 했는데, 강의실과 현장에서 많은 사람들을 만나왔다. 미팅석상이 아니라 현장에 가보면 기업의 실체를 알 수 있고, 초일류기업의 공통점도 알 수 있었다. 내가 현장에서 발견한 초일류기업들의 공통점은 5가지다.

첫째, '미래먹거리를 선점하는 아이템'이다. 초일류기업은 미래의 먹거리를 찾아내는 혜안을 가졌고, 그 혜안으로 개발한 아이템으로 초격차를 이루어내고 있다. 만약 삼성전자가 TV 등 가전제품만 생산했다면 과연 초일류기업이 될 수 있었을까? 반도체라는 미래

먹거리를 찾아냈고, 그것을 세계시장에서 초격차 전략으로 기술의 초격차를 달성해 초일류기업이 되었다. 마찬가지로 바인그룹은 교육에 뿌리를 두면서 호텔·플랫폼서비스·자산운용·무역·외식 등에서 새로운 제품과 서비스를 선보이며 초일류기업으로 성장하고 있다.

둘째, '혼이 살아 있는 경영철학'이다. 철학이 없는 기업은 생기가 없다. 철학이 없으면 뿌리가 죽어버린 나무처럼 생기를 잃는 것이다. 바인그룹은 '성장하는 회사는 사람을 키운다'라는 확고한 기업철학이 있다. '인간의 역사에 신뢰를 주는 포도나무처럼 바인그룹만의 건강한 그룹문화를 통해 고객과 구성원에게 신뢰를 주는 기업으로 발전하겠다'는 기업이념도 갖고 있다.

셋째, '뿌리 깊은 특별한 기업문화'다. 초일류기업으로 성장하는 회사에는 특별한 기업문화가 있다. 문화란 무엇인가? 가치관에 생활양식이 더해지면 문화가 된다. 경영자와 구성원들이 공유하는 가치관, 신념, 이념, 습관, 규범, 전통 등으로 기업문화는 뿌리를 내린다.

눈앞의 이익에 연연하는 기업은 쉽사리 사라지지만 기업문화가 뿌리 내린 기업은 백 년을 간다. 기업문화는 기업의 특성을 나타내는 동시에 그 기업의 미래 가능성을 보여주는 지표다. 바인그룹은 교육을 기반으로 성장하는 회사인 만큼 영업이익의 상당부분을 구성원 교육에 지출한다. 이러한 교육 문화를 바탕으로 구성원들이 성장하고, 구성원의 성장이 고객의 성장으로 이어진다.

넷째, '초일류인재들의 스스로 독서습관'이다. 초일류기업의 인재들에게는 스스로 책을 읽는 독서습관이 있다. 바인그룹은 구성원들에게 독서를 권장하기 위해 사옥 곳곳에 도서 비치대를 설치했다. 이처럼 독서환경이 조성되어 있으니 구성원들끼리 책을 선물하는 문화도 활성화되어 있다.

다섯째, '더불어 나누는 상생정신'이다. "세상에서 가장 소중한 것이 무엇이냐"고 묻는다면 상당수가 "가족"이라고 답할 것이다. 초일류기업은 임직원들을 가족처럼 소중히 아낀다. 더 나아가 사회공헌에도 힘쓴다. 바인그룹 구성원들은 함께 소통하고 공유하며 서로 응원하며 사회에 선한 영향력을 끼치는 사회공헌에도 소홀함이 없다. 이는 오랜 습관으로 바인그룹의 기업문화로 잘 정착되었다.

초일류기업의 5가지 공통점을 모두 갖춘 바인그룹은 앞으로 지속성장할 듯싶다. 바인그룹의 핵심가치는 '성장'인데, 바인그룹은 구성원의 성장이 고객의 성장으로 이어지고, 고객의 성장이 기업의 성장으로 이어지는 선순환을 이루고 있기 때문이다.

이 책이 나오기까지 적극적으로 협조해 준 바인그룹 편집팀 박계현 팀장과 브랜드관리팀 고낙도 팀장에게 감사드린다. 두 분의 따뜻하고 친절한 협조가 글 쓰는 동안 큰 힘이 되었다. 또한 귀한 시간을 내주어 인터뷰에 응해 주신 20여 분의 구성원들에게도 감사드린다.

한 가지 아쉬운 것은 바인그룹 김영철 회장의 삶과 경영철학을 보다 많이 소개하지 못한 것이다. 구성원을 사랑하고 섬기는 그분은 필자에게 "제 이야기는 최소화하고 구성원들의 이야기를 빛나게 해달라"고 부탁하셨다. 바인그룹에는 '리더는 자신을 낮추고 구성원들을 빛나게 하고, 구성원들은 자신들을 낮추고 리더를 빛나게 하는 상호존중의 기업문화'가 잘 정착되어 있다. 자신을 낮추고 상대를 높이는 바인그룹의 기업문화는 인터뷰 내내 감동이었다.

구성원의 성장이 고객의 성장으로 이어지고, 고객의 성장이 기업의 성장으로 이어지는 바인그룹의 선순환, 이러한 선순환은 지속성장을 꿈꾸는 우리에게 반면교사가 되어줄 것이다.

이 책을 읽은 여러분도 지속성장하기를 응원한다.

지은이 다이애나 홍

참고 문헌

1. 대니얼 코일, 『최고의 팀은 무엇이 다른가』

2. 데일 카네기, 『데일 카네기 인간관계론』

3. 마크 베니오프, 『최고 혁신기업은 어떻게 만들어 지는가』

4. 댄 페냐, 『슈퍼 석세스』

5. 데이비드 브룩스, 『두 번째 산』

6. 이시형, 『공부하는 독종이 살아남는다』

7. 레이 달리오, 『원칙』

8. 이수광, 『파라 리더십』

9. 모니카 H. 강, 『새로운 생각은 어떻게 나를 바꾸는가』

10. 대니얼 케이블, 『그 회사는 직원을 설레게 한다』

11. 피트 데이비스, 『전념』

12. 필 나이트, 『슈독』

13. 박철의, 『오늘 하루가 전부 꽃인 것을』

14. 론다 번, 『시크릿』

15. 켈리 하딩, 『다정함의 과학』

16. 리사 제노바, 『기억의 뇌과학』

17. 알렉스 룽구, 『의미 있는 삶을 위하여』

18. 마이클 하얏트, 『초생산성』

19. 사무엘 울만, 『청춘』

20. 켈리 최, 『웰씽킹』

21. 사마천, 『사기』

22. 가재산, 『삼성이 진짜 강한 이유』

23. 스티븐 코비, 『성공하는 사람들의 7가지 습관』

24. 박정희 외, 『수학 진짜 잘하는 아이들은 읽고 씁니다』

25. 톨스토이, 『안나 카레니나』

26. 조윤제, 『천 년의 내공』

27. 존 맥스웰, 『리더의 조건』

29. 사이토 다카시, 『혼자 있는 시간의 힘』

30. 『바인그룹 25년사』

31. 『바인매거진』

일상과 이상을 이어주는 책

일상이상

포도나무처럼 지속성장하는
회사의 비밀

바인경영

ⓒ 2022, 다이애나 홍

초판 1쇄 찍은날 · 2022년 9월 5일
초판 1쇄 펴낸날 · 2022년 9월 15일
펴낸이 · 김종필 | 펴낸곳 · 일상과 이상 | 출판등록 · 제300-2009-112호
주소 · 경기도 고양시 일산서구 킨텍스로 456 108-904
전화 · 070-7787-7931 | 팩스 · 031-911-7931
이메일 · fkafka98@gmail.com

ISBN 978-89-98453-91-6 (03320)